会计综合实训

孙 薇 王娓娓 吴 纯 主编

中国财经出版传媒集团
中国财政经济出版社

图书在版编目（CIP）数据

会计综合实训/孙薇，王娓娓，吴纯主编. --北京：中国财政经济出版社，2022.11

ISBN 978-7-5095-6192-8

Ⅰ.①会… Ⅱ.①孙…②王…③吴… Ⅲ.①会计学－教材 Ⅳ.①F230

中国版本图书馆 CIP 数据核字（2022）第 200819 号

责任编辑：彭　波　　　　责任印制：史大鹏
封面设计：卜建辰　　　　责任校对：张　凡

中国财政经济出版社 出版

URL：http://www.cfeph.cn
E-mail：cfeph@cfeph.cn

（版权所有　翻印必究）

社址：北京市海淀区阜成路甲 28 号　邮政编码：100142
营销中心电话：010-88191522
天猫网店：中国财政经济出版社旗舰店
网址：https://zgczjjcbs.tmall.com
北京中兴印刷有限公司印刷　各地新华书店经销
成品尺寸：185mm×260mm　16 开　13.25 印张　204 000 字
2022 年 11 月第 1 版　2022 年 11 月北京第 1 次印刷
定价：48.00 元
ISBN 978-7-5095-6192-8
（图书出现印装问题，本社负责调换，电话：010-88190548）
本社质量投诉电话：010-88190744
打击盗版举报热线：010-88191661　QQ：2242791300

前　言

会计学是一门技术性、操作性很强的学科。高等教育的任务不仅仅局限于理论教学，而是更注重培养学生的创新精神与实践能力。因此会计模拟实训是会计教学过程中一个必不可少的基本环节。

本教材是基础会计实践性环节的教学用书，是教师教学的取材之源，又是学生巩固所学会计理论知识和实际操作能力培养之本。适应对象为高校财经类专业和其他相关专业学生，以及社会上希望了解并掌握会计实务的人员。

这本教材具有以下突出特点：

一是依据我国"营改增"后最新会计准则、税收政策、税法规定等编制经济业务内容。

二是模拟的经济业务全面、典型、实用。本教材以甲企业为例，设计了12月份70多比典型业务，涵盖了一般企业主要的日常经济业务和特殊交易事项业务。

三是会计实训按照会计基本工作过程，完成建账、填制、审核原始凭证和记账凭证、登记账簿、成本计算、编制会计报表等一系列工作任务。这与会计人员的实际工作紧密连接，培养学生成为一名真正合格的会计人员。

本教材主要内容包括：一是企业会计模拟实训的目的；二是模拟企业基本资料；三是企业会计模拟实训要求；四是实训企业会计制度和会计核算的有关规定及说明；五是企业会计模拟实训操作规范；六是模拟企业12月份发生的经济业务，是本教材的重点内容；七是本教材记账凭证部分的参考答案。

本教材参加编写的人员有南京信息工程大学孙薇、王娓娓、吴纯、刘宇欣、杨诗雨、高思源、王辰宇、焦庆林、沈佳宇、方佳慧、陈影、方玉洁等。孙薇负责全书的统稿工作。

本教材的顺利出版得到了中国财政经济出版社的全面支持和帮助，中国财政经济出版社的段钢编辑对本书做了大量工作。在此，我们表示衷心的感谢！

本教材在编写过程中参考了相关著作及资料，除列入书后主要参考文献之外，未及一一注明者，在此一并致以诚挚谢意！

我们非常努力地想把本书编写得尽可能完善，若有欠缺之处，敬请专家和读者批评指正。

编 者

2022 年 11 月

目　录

项目一　企业会计模拟实训的目的 …………………………………………… 1

项目二　模拟企业基本资料 …………………………………………………… 2

　　一、企业基本信息 ……………………………………………………… 2
　　二、企业简介 …………………………………………………………… 2
　　三、财务部组织架构 …………………………………………………… 3
　　四、财务核算流程 ……………………………………………………… 3

项目三　企业会计模拟实训的要求 …………………………………………… 5

　　一、实训的内容 ………………………………………………………… 5
　　二、实训的组织 ………………………………………………………… 5
　　三、实训成绩评定标准 ………………………………………………… 6

项目四　实训企业会计制度和会计核算的有关规定及说明 ………………… 7

　　一、关于现金使用 ……………………………………………………… 7
　　二、支付审批、报销流程 ……………………………………………… 7
　　三、借款管理规定 ……………………………………………………… 8
　　四、费用报销规定 ……………………………………………………… 8
　　五、存货管理规定 ……………………………………………………… 8

六、公司核算体制和方法 …………………………………………… 10

项目五　企业会计模拟实训操作规范 ………………………………… 12

　　一、原始凭证操作规范 …………………………………………… 12
　　二、记账凭证操作规范 …………………………………………… 15
　　三、会计账簿操作规范 …………………………………………… 16
　　四、对账与结账 …………………………………………………… 17
　　五、会计报表编制规范 …………………………………………… 19

项目六　12月经济业务原始凭证 ……………………………………… 22

附录　记账凭证参考答案 ……………………………………………… 56

附录　空白记账凭证 …………………………………………………… 85

参考文献 ………………………………………………………………… 205

项目一　企业会计模拟实训的目的

　　会计专业是一门实践性很强的应用型专业。通过企业会计模拟实训，将会计理论知识和会计实务工作有效地结合在一起，使学生系统地练习企业会计核算的基本程序和具体方法，加强对所学专业理论知识的理解和掌握。企业会计模拟实训以甲公司为模拟企业，给出12月该公司发生的各项经济业务的原始凭证，要求学生针对这些经济业务做出正确的会计处理。

项目二　模拟企业基本资料

一、企业基本信息

企业名称：甲企业

企业类型：工业企业

企业性质：有限责任公司

企业地址：江苏省南京市

法人代表：陈智

注册资本：600万元

联系电话：025－52936650

开户银行：招商银行股份有限公司浦口支行

银行账号：4301012208100336684

统一社会信用代码：9111010078383205A3

企业主要经营项目：节能灯具的生产与销售

二、企业简介

甲企业成立于2020年，是一家从事灯饰生产与销售的企业，企业主要生产 A 型节能灯、B 型节能灯、C 型景观灯。

企业的业务流程：生产物资采购→付款→入库→一车间领用原材料生产半成品→二车间领用半成品生产成品→成品完工入库→销售→收款。

全厂设有行政部、财务部、采购部、仓库、销售部、生产车间六个部门，各部门在总经理的领导下分工合作。

三、财务部组织架构

周岚：财务负责人，全面负责财务部工作，制订本企业财务制度，负责企业资金调度，审查企业财务计划执行工作。

张磊：负责工厂的成本核算工作，编制记账凭证，登记账簿及编制报表工作。

任伟：出纳，负责出纳核算，包括办理现金和银行存款收付业务、负责票据和有价证券保管工作、登记现金日记账和银行存款日记账。

四、财务核算流程

1. 采购核算流程：

由需求部提出申请→部门负责人审核→采购经理审核→财务主管审核→总经理审批→提交财务部付款→采购物资归口管理部门收货入库→财务部入账。

2. 生产核算流程：

（1）一车间填写领料单→仓库审核发料→加工半成品→半成品完工入库→二车间填写领料单→仓库审核发料→加工成品→成品入库→月末结转完

工产品及产成品成本。

注：公司生产共两个步骤，第一步是灯管的成型，第二步是灯具的装配。平时第一生产车间从仓库领用钢材、铜材、铝材、玻璃、塑料、涂料等进行加工，产出半成品 A_1、B_1、C_1、D，半成品送交半成品库。生产车间从半成品库领用半成品加工成产成品 A、B、C，其中产成品 A 所需的原材料主要是半成品 A_1 和 D，产成品 B 所需的原材料主要是半成品 B_1 和 D，产成品 C 所需的原材料主要是半成品 C_1 和 D（D 和其他半成品的比例是 1∶1）。产成品产工验收合格后，送交产成品库验收入库。

（2）存货的发出计量采用先进先出法。

（3）月末在产品采用约当产量法。

3. 销售核算流程：

销售部下达销售订单→仓库根据订单填写出库单并发货→会计审核数量和金额并开发票入账→收款→会计对账。

4. 费用报销流程：

经办人填写报销单→部门经理审核→财务经理审核→总经理审批→出纳付款。

项目三　企业会计模拟实训的要求

一、实训的内容

根据甲企业 12 月发生的各项经济业务（需要用到的期初资料在题目中已给出），完成填制会计凭证、登记会计账簿、编制会计报表等会计工作。

二、实训的组织

1. 本实训需要在掌握一定的专业理论知识基础上开展，因此一般在"基础会计""中级财务会计"和"成本会计"等课程结束后开展，建议课时为 60 学时。
2. 本实训课程需要根据经济业务量额外购买会计凭证、会计账簿、会计报表等会计用品。
3. 鉴于学生无实际操作经验，需要在教师的带领下开展实训任务，教师需要让学生对实训有一个清晰的认识和积极的态度。
4. 本实训可以有两种开展方式：一是按岗位分组完成；二是由每个学生独立完成。

5. 实训结束后，学生需要将完成的记账凭证、会计账簿、会计报表进行整理，并按要求装订成册，交给教师评分；同时，学生需要根据此次实训撰写一篇实训报告。

三、实训成绩评定标准

1. 课程考核成绩按百分制进行评分：优秀（90 分以上）、良好（80 ~ 90 分）、中等（70 ~ 80 分）、及格（60 ~ 70 分）、不及格（60 分以下）。

考核内容	考核标准	百分比（%）
会计凭证	凭证编制是否完整、是否正确；各项要素填制是否齐全规范；凭证装订是否整齐合规	30
会计账簿	科目汇总表是否编制正确；账簿设置是否齐全合规；账簿登记是否完整规范	30
会计报表	报表编制数据是否正确，填写是否规范	30
实训报告	实训报告所包括的心得和体会是否完整、深刻	10
合计		100

2. 会计凭证的扣分标准为：（1）填制凭证按错填所占比例扣分；（2）会计分录出错不给分；（3）其他项目出错酌情扣分。

3. 账簿的扣分标准为：（1）账簿登记按出错次数所占全部账簿登记次数的比例扣分；（2）登记出错或与会计凭证不符的不给分；（3）登记不规范酌情扣分。

4. 各种计算表和会计报表计算出错不给分，其他项目出错酌情扣分。

项目四　实训企业会计制度和会计核算的有关规定及说明

一、关于现金使用

除个人劳务报酬、出差人员必须携带的差旅费、公司领导批准的其他开支以外，购置固定资产、办公用品、其他物品及发外制作费等必须采取银行转账结算，不得使用现金。

二、支付审批、报销流程

1. 公司各部门每月应根据工作需要，事先拟订支出计划，报公司领导审批，再由经办人员按规定办理。
2. 公司员工借款、报销及对外付款，需要履行下列审批程序：经办人→部门负责人（或主管）签字→公司领导签字→出纳付款。
3. 对必须紧急支出的款项，如果公司领导不在，需要电话请示领导同意后方可支付，待领导回到公司后再予补签。

三、借款管理规定

1. 公司不允许个人因私借款。员工因公借款,借款人员凭审批后的"借款单"按批准额度办理借款。
2. 其他临时借款:如业务费、周转金等,借款人员应及时报账;除周转金外的其他借款,原则上不允许跨月占用,所有借款前账不清、后账不借。
3. 现金借款金额超过5 000元的,应提前一天通知财务部备款。

四、费用报销规定

1. 各类费用报销:经手人须填写"报销单",写明具体用途。对无正式发票、用途不清、签字不齐的报销单,财务部将不予受理。
2. 经办人员须在事项办理完结后的7个工作日内办理报销手续,特殊情况需要作出说明。

五、存货管理规定

1. 存货的范围。

包括周转材料、原材料、在制品、半成品、产成品五大部分。其中周转材料的范围:包括五金、工具、刀具等各种备品备件,包装物以及劳防用品、办公用品。

2. 存货归口管理。

存货实行集中管理和分级归口管理相结合的办法，归口到处，定额到库。

3. 周转材料的领用与摊销方法。

一次摊销法，指周转材料在领用时，按其价值次全部计入成本（费用）的一种摊销方法。

4. 包装物的核算。

（1）包装物的定义：包装物是指为了包装企业产品，并随同产品出售、出租或出借的各种包装容器，可分为：

①生产过程中用于包装产品组成部分的包装物；

②随同商品出售而不单独计价的包装物；

③随同产品出售单独计价的包装物；

④出租或出售借给购买单位使用的包装物。

（2）会计处理。

①生产过程中直接用于产品，作为产品组成部分的可直接计入生产成本；

②随同商品出售而不单独计价的包装物可作为产品销售费用处理；

③随同商品出售而单独计价的包装物可列为其他业务收入处理；

④出租包装物在收取租金时应作其他业务收入处理。

5. 存货的入账价值。

（1）购进的存货计价，应包括买价、运输费、装卸费、包装费、保险费、途中合理损耗、入库前的整理挑选费、进口物资支付的进口关税等。

（2）自制存货（自制材料、自制半成品）按制造过程中实际支出成本计价。

（3）委托外单位加工的存货，按实际耗用原材料本身价值，加支付的委托费用、运输费、装卸费、保险费、税金等作为实际成本。

（4）盘盈的存货，按其重置成本作为入账价值，冲减管理费用。

（5）接受捐赠的存货，按照捐赠的存货的实际成本或市场价格入账。

（6）投资者投入的存货，按照评估价格或合同、协议确认的价值计价。

6. 发出存货的计价方法。

包括先进先出法、月末次加权平均法、移动加权平均法、个别计价法等。

（1）先进先出法：按先进先出的假定流转顺序来选择发出计价及期末结存存货的计价。

（2）月末一次加权平均法。

存货单位成本＝（月初存货实际成本＋本月进货实际成本）÷（月初存货数量＋本月进货数量）

本月发出存货成本＝本月发出存货数量×存货单位成本

月末库存存货成本＝月末库存存货数量×存货单位成本

（3）移动加权平均法。

移动加权平均单价＝（本次收入前结存商品金额＋本次收入商品金额）/（本次收入前结存商品数量＋本次收入商品数量）

本次发出存货成本＝本次发货数量×移动加权平均单价

（4）个别计价法。

逐一辨认发出存货和期末存货所属的购进、生产批别，分别按其购进、生产时确定的单位成本，计算发出存货和期末存货成本。

7. 存货的盘点。

存货的盘点每月至少进行一次，也可根据需要重点清查或局部定期清查，对贵重物资还要加强经常性抽查。对盘点差异需要查明原因、分清责任，由财务统一汇总后按批准权限进行上报。

六、公司核算体制和方法

1. 采用记账凭证核算形式每月逐笔进行总账登记。
2. 执行新企业会计准则。

3. 以人民币为记账本位币。

4. 会计年度自公立1月1日起至12月31日止。

5. 以权责发生制为记账基础。

6. 记账方法采用借贷记账法。

7. 采用通用记账凭证。

项目五 企业会计模拟实训操作规范

一、原始凭证操作规范

(一) 原始凭证的填制要求

1. 记录要真实。

记录真实指必须实事求是地填写经济业务,原始凭证的日期、业务内容、数量、金额等必须与实际情况完全符合,确保凭证内容真实可靠。

2. 内容要完整。

内容完整指原始凭证上各项内容要填写齐全,不得遗漏或省略。具体如下:

(1) 年、月、日要按照取得原始凭证的实际日期填写。

(2) 名称要求全,不能简化。

(3) 品名或用途要填写明确,不能含糊不清。

(4) 有关人员的盖章必须齐全。

3. 手续要完备。

单位自制的原始凭证必须有经办人员和经办领导等的签名或盖章;从外单位取得的原始凭证必须有填制单位的盖章或财务专用章,一些特殊原始凭证如火车票、汽车票除外;从个人处取得的原始凭证,必须有填制人员的签名或盖章。

4. 书写要清楚、规范。

原始凭证上的数字和文字填制要字迹清晰，易于辨认，不得使用未经国务院公布的简化汉字。大小写金额不仅需要填写规范还需要相符。原始凭证的填制应遵守以下几点：

（1）大写金额一律用正楷或行书字书写。例如，汉字壹、贰、叁、肆、伍、陆、柒、捌、玖、拾、佰、仟、万、亿、元、角、分、零、整等。

（2）大写金额前未印有"人民币"字样的，应加写"人民币"三个字，"人民币"字样和大写金额之间不得留有空白。

（3）大写金额到元或角为止的，后面要写"整"或"正"字，有分的，不写"整"或"正"字。

（4）小写金额用阿拉伯数字逐个书写，不得连笔书写。金额前面应当书写货币币种符号或者货币名称简写，例如，人民币币种符号为"￥"，美元币种符号为"＄"等。币种符号与阿拉伯数字之间不得留有空白。金额数字一律填写到角、分，无角、分的，写"00"或符号"—"，有角、无分的，分位写"0"，不得用符号"—"。

（5）现行结算票据的出票日期为了防止人为篡改必须使用中文大写。若出票日期使用小写填写的，银行不予受理。

5. 编号要连续。

各种凭证为了方便考查要连续编号。如果有些原始凭证已预先印定编号，如发票、收据、支票等，应按编号连续使用。这类原始凭证一旦填写错误需要加盖"作废"戳记并重新填制。作废的凭证应妥善管理，不得随意销毁。

6. 不得涂改、刮擦、挖补。

原始凭证如果填制错误应该由出具单位重开或更正，不得随意涂改、刮擦、挖补，这些都是不规范行为。若出具单位更正凭证，需要出具单位在更正处加盖单位印章。但如果是原始凭证金额有错误的，只能由出具单位重开，不可以在原始凭证上进行更正。

7. 填制要及时。

在经济业务发生或完成时要及时填制原始凭证，并按规定的手续和程序传递给有关部门，以便及时办理后续业务，进行会计审核和记账。

（二）原始凭证的审核

为了如实反映经济业务的发生和完成情况，充分发挥会计的监督职能，保证会计信息的真实、完整，会计人员必须对原始凭证进行严格审核。审核后的原始凭证，才能作为填制记账凭证和记账的依据。审核的内容主要包括以下几个方面：

1. 审核原始凭证的真实性。对原始凭证真实性的审核主要包括凭证日期的真实性、业务内容的真实性、数据的真实性以及原始凭证上的签名或公章是否合规等。

2. 审核原始凭证的合法性、合理性。审核原始凭证反映的经济业务是否符合现行财政、税收、经济、金融等有关的法令规定，是否符合现行财务会计制度，同时还要审核原始凭证本身是否为合法凭证。

3. 审核原始凭证的完整性。审核原始凭证各项要素是否填写齐全，是否有漏项情况，日期是否完整、数字是否清晰、文字是否工整、有关签名或盖章是否齐全、凭证联次是否正确。

4. 审核原始凭证的准确性。会计人员应认真审核原始凭证所填列的数字是否符合要求，包括数量、单价、金额以及小计、合计等填写是否清晰，计算是否准确，是否用复写纸套写，有无涂改、刮擦、挖补等弄虚作假行为。对于发票，应特别注意其金额（包括合计数）计算是否准确，大写金额和小写金额是否相符；发票上的字迹特别是金额数字有无涂改痕迹，复写的字迹和颜色是否一致，正面和反面的对照有无"头小尾大、头大尾小"情况等。

二、记账凭证操作规范

（一）记账凭证的填制要求

1. 记账凭证的日期和编号填制。原则上记账凭证填制的日期应于经济业务发生的日期或收到原始凭证的日期一致。如果经济业务发生的日期与收到原始凭证的日期不一致的，则按收到日期填制，将业务发生日期写到摘要内即可。记账凭证应连续编号。一笔经济业务需要填制两张以上记账凭证的，可以采用分数编号法编号。

2. 记账凭证可以根据每一张原始凭证填制，或根据若干张同类原始凭证汇总编制，也可以根据原始凭证汇总表填制；但不得将不同内容和类别的原始凭证汇总填制在一张记账凭证上。除结账和更正错误的记账凭证可以不附原始凭证外，其他记账凭证必须附有原始凭证。

3. 记账凭证各项内容必须完整且书写应清楚、规范。相关要求同在原始凭证。

4. 记账凭证填制完经济业务事项后，如有空行，应当自金额栏最后一笔金额数字下的空行处至合计数上的空行处划线注销。

（二）记账凭证错误的处理

1. 填制时发生错误的，应当重新填制。

2. 已经登记入账的记账凭证，在当年内发现填写错误时，可以用红字填写一张与原内容相同的记账凭证，在摘要栏注明"注销某月某日某号凭证"字样，同时再用蓝字重新填制一张正确的记账凭证，注明"订正某月某日某号凭证"字样。如果会计科目没有错误，只是金额错误，也可以将正确数字与错误数字之间的差额，另编一张调整的记账凭证，调增金额用蓝字，调减金额用红字。

3. 发现以前年度记账凭证有错误的，应当用蓝字填制一张更正的记账凭证。

（三）记账凭证的审核

1. 记账凭证的内容是否真实。审核记账凭证是否有原始凭证为依据，所附原始凭证或记账凭证汇总表的内容与记账凭证的内容是否一致。

2. 记账凭证的内容是否完整。审核记账凭证各项目的填写是否齐全，如日期、凭证编号、摘要、会计科目、金额、所附原始凭证张数及有关人员签章等。

3. 记账凭证的科目是否正确。审核记账凭证的应借、应贷科目以及对应关系是否正确。

4. 记账凭证的金额是否正确。记账凭证所记录的金额与原始凭证的有关金额是否一致，计算是否正确。

5. 记账凭证的书写是否规范。记账凭证中的记录是否文字工整、数字清晰，是否按规定进行更正等。

三、会计账簿操作规范

1. 登记会计账簿时，应当将会计凭证日期、编号、业务内容摘要、金额和其他有关资料逐项记入账内。账簿记录中的日期，应该填写记账凭证上的日期；以自制原始凭证（如收料单、领料单等）作为记账依据的，账簿记录中的日期应按有关自制凭证上的日期填列。

2. 为了保持账簿记录的持久性，防止涂改，登记账簿必须使用蓝黑墨水或碳素墨水书写，不得使用圆珠笔（银行的复写账簿除外）或者铅笔书写。以下情况可以使用红墨水记账：

（1）按照红字冲账的记账凭证，冲销错误记录；

（2）在不设借贷等栏的多栏式账页中，登记减少数；

（3）在三栏式账户的余额栏前，如未印明余额方向的，在余额栏内登记负数余额；

（4）根据国家规定可以用红字登记的其他会计记录。

除上述情况外，不得使用红色墨水登记账簿。

3. 会计账簿应当按照连续编号的页码顺序登记。记账时发生错误或者隔页、缺号、跳行的，应在空页、空行处用红色墨水划对角线注销，或者注明"此页空白"或"此行空白"字样，并由记账人员和会计机构负责人（会计主管人员）在更正处签名、盖章。

4. 凡需要结出余额的账户，结出余额后，应当在"借或贷"栏目内注明"借"或"贷"字样，以示余额的方向；对于没有余额的账户，应在"借或贷"栏内写"平"字，并在"余额"栏"元"位处用"θ"表示。库存现金日记账和银行存款日记账必须逐日结出余额。

5. 每一账页登记完毕时，应当结出本页发生额合计及余额，在该账页最末一行"摘要"栏注明"转次页"或"过次页"，并将这一金额记入下一页第一行有关金额栏内，在该行"摘要"栏注明"承前页"，以保持账簿记录的连续性，便于对账和结账。

6. 账簿记录发生错误时，不得刮擦、挖补或用褪色药水更改字迹，而应采用规定的方法更正。

四、对账与结账

（一）对账

对账主要包括账证核对、账账核对、账实核对，具体内容如下：

1. 账证核对。

核对会计账簿记录与原始凭证、记账凭证的时间、凭证字号、内容、金额是否一致，记账方向是否相符。

2. 账账核对。

核对不同会计账簿记录是否相符，包括总账有关账户的余额核对、总账与明细账核对、总账与日记账核对等。

3. 账实核对。

核对会计账簿记录与财产等实有数额是否相符，包括现金日记账账面余额与现金实际库存数核对，银行存款日记账账面余额与银行对账单核对，各种应收、应付款明细账账面余额与有关债务、债权单位或者个人核对等。

（二）结账

企业应当根据有关法律法规规定的结账日进行结账，不得提前结账或延迟结账。企业的结账分为年度结账、半年度结账、季度结账以及月度结账。年度结账日为公立年度每年的 12 月 31 日；半年度、季度、月度结账日分别为公立年度每半年、每季、每月的最后一天。

1. 结账的内容。

结账的内容包括结清各种损益类账户，并据以计算确定本期利润；结出各资产、负债和所有者权益账户的本期发生额合计和期末余额。

2. 结账的程序。

结账主要包括以下四个步骤：

（1）结账前应先查明在本期内所发生的经济业务是否已经填制会计凭证，并已记入有关的账簿。

（2）按权责发生制原则调整当期收益和费用。

（3）应结出每个账户的期末余额，当月、季、年发生额和累计发生额及本年年末余额。

（4）年度终了，把各账户的余额结转下年。不能为了赶编会计报表而提前结账，也不能先编会计报表，然后结账。

3. 结账的方法。

（1）日结账方法。在分清"收入日记账"和"支出日记账"的情况下，出纳员在每日终了按规定登记入账后，结出当日收入合计数和当日支出合计数，然后将支出日记账中当日支出合计数转记入收入日记账中的当日支出合计栏内，在此基础上再结出当日账面余额。

（2）月结账方法。月份结账，在月末最后一笔会计事项的金额栏下划一条红线，将余额数以外本月份各栏发生额合计数，分别写在红线下边，并在摘要栏注明"本月合计"字样。再根据收方金额减除付方金额结算出余额数，记在红线下面的余额栏，在余额数前写明收或付。从第二个月起要结算出"截至本月份累计"，再在各金额栏下划一条红线，结束月份结账工作。

（3）季结账方法。办理季结，应在各账户本季度最后一个月的月结下面划一条通栏红线，表示本季结束；当然，在红线下结算出本季发生额和季末余额，并在摘要栏内注明"本季合计"字样，最后，再在摘要栏下面划一条通栏红线，表示完成了季结工作。

（4）年结账方法。年度结账，在12月的月份结账后，如果余额栏有余额，年终结账要办理结转手续，转入下年度新账内。即在"截至本月累计"次行将余额数用红字写入余额栏，收方余额写在收方，付方余额写在付方。并在摘要栏注明"结转下年度"，然后划一条红线，收方与付方金额两数结平，最后划双红线，结束本年账簿。在下年新账第一行余额栏填写上年结转的余额，并在摘要栏注明"上年结转"字样。

五、会计报表编制规范

会计报表是会计信息使用者、企业内部管理人员等作出重要决策的依据，因此会计报表的编制需要符合以下要求。

1. 可理解性。

可理解性是指会计报表提供的财务信息可以为使用者所理解。企业对外提供的会计报表是为广大阅读者使用,以提供企业过去、现在和未来的财务信息资料,为投资者、债权人以及潜在的投资者和债权人提供决策所需的经济信息的,因此,编制的会计报表应清晰易懂。如果提供的会计报表晦涩难懂、不可理解,使用者就不能作出可靠的判断,所提供的会计报表也毫无用处。当然,对会计报表的这一要求,是建立在会计报表使用者具有一定阅读会计报表能力的基础之上的。

2. 真实可靠性。

会计首先是一个信息系统,如实反映企业的经营活动和财务状况是会计信息系统的基本要求。对外提供的会计报表主要是满足不同的使用者对信息资料的要求,便于使用者根据所提供的财务信息作出决策。因此,会计报表所提供的数据必须做到真实可靠。如果会计报表所提供的财务信息不真实可靠,反而会由于错误的信息,导致报表的使用者对企业财务状况作出相反的结论,使其决策失误。

3. 相关可比性。

相关可比是指会计报表提供的财务信息必须与使用者的决策需要相关联并具有可比性。如果会计报表提供的信息资料能够使使用者了解过去、现在或对未来事项的影响及其变化趋势,并为使用者提供有关的可比信息,则可认为会计报表提供的财务信息相关可比。

4. 全面完整性。

会计报表应当全面反映企业的财务状况和经营成果,反映企业经营活动的全貌。会计报表只有全面反映企业的财务情况,提供完整的会计信息资料,才能满足各方面对财务信息资料的需要。为了保证会计报表的全面完整,企业在编制会计报表时,应该按照规定的格式和内容进行填列,凡是国家要求提供的会计报表,必须按照国家规定的要求编报,不得漏编漏报。企业某些重要的会计事项,应当在会计报表附注中加以说明。

5. 编报及时性。

信息的特征具有时效性。会计报表只有及时编制和报送，才能有利于会计报表的使用者使用。否则，即使最真实可靠完整的会计报表，由于编制、报送不及时，对于报表的使用者来说，也是没有任何价值的。

项目六　12月经济业务原始凭证

1. 取现

12月1日，甲公司签发现金支票一张，向招商银行提取5 000元现金以备公司后续使用。另附票据1张。

2. 报销费用

甲公司采购部因公司部门办公需要采购办公用品，现金报销办公用品980元。另附票据1张。

3. 购现金支票

12月1日甲公司出纳到招商银行购买现金支票，银行代扣工本费15元、手续费5元，共20元。另附票据1张。

4. 购原材料

12月1日，甲公司从乙公司购入玻璃60 000千克，不含税单价2.00元；涂料2 000升，不含税单价20.00元；塑料50 000千克，不含税单价4.00元。增值税专用发票所列税款46 800元。原材料已验收入库，款项已支付。另附票据4张。

付款申请单

2020 年 12 月 01 日

往来单位	乙公司		
账　号	11050144090100005959		
开户行	中国银行南京市浦口支行	付款原因：货款	
金　额	肆拾万陆仟捌佰元整	付款方式：银行转账付款	
申请人	蔡睿	¥406 800	
审批	陈智　2020.12.01	财务	周岚　2020.12.01

入库单
甲公司

NO.065901

日期：2020 年 12 月 01 日
供货单位：乙公司　　　　收货仓库：原材料库

材料类别	材料名称	计量单位	数量	实际成本	
				单价	金额
原材料	玻料	千克	60 000		
原材料	涂料	升	2 000		
原材料	塑料	千克	50 000		
			112 000		
检验：		记账：张磊		制单：王明	

5. 一车间领用原材料

12 月 1 日，生产部门一车间领用原材料玻璃 4 800 千克，其中 2 000 千克生产半成品 A_1，800 千克生产半成品 B_1，2 000 千克用于生产半成品 C_1；涂料 600 升，其中 250 升用于半成品 A_1，150 升用于半成品 B_1，200 升用于半成品 C_1；塑料 500 千克，其中 150 千克用于半成品 A_1，150 千克用于半成品 B_1，200 千克用于半成品 C_1（注：领用材料采用先进先出法）。另附票据 1 张。

领料单

NO. 10001

2020 年 12 月 01 日　　　发料仓库：原材料库

领料部门	材料名称	计量单位	数量	单价	金额	用途
一车间	玻璃	千克	4 800	2	9 600	生产产成品
一车间	塑料	千克	500	4	2 000	生产产成品
一车间	涂料	升	600	20	12 000	生产产成品
	合计		5 900		23 600	

仓库主管：　　　　　　　发料人：王明　　　　　　领料人：张丽

6. 销售产品

12 月 3 日，向丁公司销售一批灯具，其中节能灯 A 型销售 1 500 台，不含税单价 25.00 元/台，节能灯 B 型销售 2 000 台，不含税单价 30.00 元/台。开出增值税专用发票注明价款 97 500.00 元，税款 12 675.00 元，货已发出，货款尚未收到（若货物无质量问题买方同意付款）。另附票据 2 张。

出库单
甲公司

2020 年 12 月 03 日　　　NO. 20000

出仓库：产成品库			收货单位：丁公司	
商品名称	单位	数量	单价	金额
节能灯 A	台	1 500	25.00	37 500
节能灯 B	台	2 000	30.00	60 000
合计		1 300		97 500.00

仓库：王鑫　　　　　　记账：张伟　　　　　　制单：王鑫

7. 购入钢材、铜材

12 月 4 日从丙公司购入铜材料 10 吨，不含税单价 3 000.00 元/吨；钢材料 5 吨，不含税单价 3 500 元/吨；所列税款共 6 175 元，材料已验收入库，货款通过银行转账支付。另附票据 4 张。

付款申请单

2020 年 12 月 04 日

往来单位	丙公司		
账　　号	22239897856784 3434		
开 户 行	中国招商银行南京市江宁支行	付款原因：	购买铜材料、钢材料
金　　额	伍万叁仟陆佰柒拾伍元整	付款方式：	银行转账付款
申 请 人	蔡睿	￥53 675	
审　批	陈智 2020.12.04	财　务	周岚 2020.12.04

入库单
甲公司

NO.065902

日期：2020 年 12 月 04 日

供货单位：丙公司　　　　收货仓库：原材料库

材料类别	材料名称	计量单位	数量	实际成本	
				单价	金额
原材料	铜材料	吨	10		
原材料	钢材料	吨	5		

检验：　　　　　　　　　　记账：张磊　　　　　　　　制单：王明

8. 领用原材料

12 月 4 日，生产一车间领用钢材料 3 吨，铜材料 8 吨，全部用于生产半成品 D。另附票据 1 张。

领料单

NO.1002

2020 年 12 月 4 日　　　　发料仓库：原材料库

领料部门	材料类别	材料名称	计量单位	数量	单价	金额	用途
一车间	原材料	钢材料	吨	3	3 500	10 500	生产半成品 D
一车间	原材料	铜材料	吨	8	3 000	24 000	生产半成品 D
合计				11		34 500	

仓库主管：　　　　　　　发料人：王明　　　　　　　领料人：张丽

9. 承兑收货款

12月6日，丁公司确定收到的货物无质量问题同意付款，开出银行承兑汇票支付前欠货款，票据金额为110 175.00元。另附票据1张。

10. 发出委托加工物资

12月7日发出原材料塑料一批，共30 000千克，委托华金公司为其加工塑料包装箱，预计交货时间为12月13日，另附票据1张。

委托加工物资发料单

NO. 10001

收料单位：南京华金塑料制品有限公司　　2020年12月07日　　发料仓库：原材料库

货物类别	名称及规格	计量单位	数量	单价	金额	用处
塑料		千克	30 000	4.00	120 000.00	委托加工塑料包装箱
合计			30 000		120 000.00	

仓库主管：　　　　　发料人：王明　　　　　领料人：

11. 承兑收货款

12月7日，公司收到南京达泰商贸有限公司交来商业承兑汇票一张，金额为60 000.00元，系偿还上月购入节能灯B型的货款，因该汇票还未到承兑到期日，公司现金流较紧张，公司准备背书转让该承兑汇票。另附票据1张。

12. 销售产品，确认收入

12月8日，向南京城建股份有限公司销售景观灯C型1 300台，每台不含税销售价格为75.00元，计价款为97 500.00元，增值税销项税额为12 675.00元（增值税税率为13%），为了巩固顾客关系给予9折价格折扣，产品已发出，款未收（若货物无质量问题买方同意付款）。另付票据2张。

出库单
甲公司

2020 年 12 月 08 日　　　　　　　　　　　　　　　　　　NO. 20001

出仓库：产成品库			收货单位：南京城建股份有限公司	
商品名称	单位	数量	单价	金额
景观灯C型	台	1 300		
合计		1 300		
仓库：王鑫		记账：张伟		制单：王鑫

13. 支付代垫运费

12月8日，替南京城建股份有限公司垫付上笔货物的运费2 000.00元，银行转账支付。另附票据2张。

14. 签发银行汇票

12月8日，公司签发银行汇票一张，金额为60 000.00元，银行汇票和解讫通知交采购员蔡明赴江苏徐州采购塑料制品。另附票据2张。

15. 借支差旅费

12月8日，采购员蔡明预支赴江苏徐州采购的差旅费5 000元，出纳以现金付讫。另附票据1张。

16. 采购固定资产

12月9日，因公司生产需要，新购生产设备旋压机一台，不含税价格为23 000.00元，增值税税率按13%计算，税款为2 990.00元，价税合计为25 990.00元，公司以企业网银支付，另附票据4张。

付款申请单

2020 年 12 月 09 日

往来单位	南京捷达制造有限公司	
账　号	6228480660854874555	
开 户 行	中国银行南京市浦口支行	付款原因：购买资产
金　额	贰万伍仟玖佰玖拾元整	付款方式：银行转账付款
申 请 人	蔡睿	￥25 990
审批　陈智　2020.12.09		财务　周岚　2020.12.09

17. 收款

12 月 9 日银行收到 12 月 8 日向南京城建股份有限公司销售的货款 99 157.50 元以及代垫的运费 2 000.00 元，合计 101 157.50 元。另附票据 1 张。

18. 领用办公用品

12 月 9 日各部门领用办公用品，其中，销售部领用公文包 5 个，单价 35.00 元，合计 175.00 元；管理部门领用文件夹 20 个，单价 10.00 元，公文包 5 个，合计 375.00 元。另附票据 1 张。

领料单

NO. 1003

2020 年 12 月 09 日　　　发料仓库：原材料库

领料部门	材料类别	材料名称	计量单位	数量	单价	金额	用途
销售部门	周转材料	公文包	个	5	35	175	办公用
管理部门	周转材料	文件夹	个	20	10	200	办公用
管理部门	周转材料	公文包	个	5	35	175	办公用
合计				30		550	
仓库主管：			发料人：王明			领料人：王伟　张晓明	

19. 购进铝材

12月9日,向南京铝业制造有限公司购入铝材料10吨,每吨不含税单价6 400.00元,取得增值税专用发票(增值税率按13%计算)。上述货款通过背书转让12月7日南京达泰商贸有限公司交来的汇票(金额为60 000.00元)结算,余款用银行存款支付,货已验收入库,采购途中发生运输费不含税2 500.00元,税率为9%,税费为225.00元,价税合计共2 725.00元,款项通过网银转账付讫。另附票据7张。

付款申请单

2020 年 12 月 09 日

往来单位	南京铝业制造有限公司		付款原因:购买铝材料
账 号	1189756435554666		付款方式:银行转账付款
开户行	中国农业银行南京市鼓楼支行		金额 12 320.00 元
金 额	柒万贰仟叁拾贰元整		商业承兑汇票
申请人	蔡睿	¥72 320	金额 60 000.00 元
审批 2020.12.09		财务 2020.12.09	

入库单

甲公司

NO.065903

日期:2020 年 12 月 09 日

供货单位:南京铝业制造有限公司　　收货仓库:原材料库

材料类别	材料名称	计量单位	数量	实际成本	
				单价	金额
原材料	铝	吨	10		

检验:　　　　　　　　　　记账:张磊　　　　　　制单:王明

20. 领用铝材

12月9日，生产部门一车间因生产需要领用铝材料10吨，全部用于生产半成品D。另附票据1张。

领料单

NO. 1004

2020 年 12 月 09 日　　　发料仓库：原材料库

领料部门	材料类别	材料名称	计量单位	数量	单价	金额	用途
一车间	原材料	铝材料	吨	10			生产半成品D
合计				10			

仓库主管：　　　　　　　　发料人：王明　　　　　　　领料人：唐宁

21. 出租专利权

12月9日，将公司的一项价值350 000.00元的专利权出租15 000.00元，按6%缴纳增值税，款项已存入银行。另附票据2张。

22. 支付罚款

12月10日，公司接到南京市鼓楼区城市管理行政执法局的罚单，因公司货车违反停放规定罚款200.00元，罚款以银行存款支付，另附票据2张。

23. 缴纳上月税费

12月10日，公司用银行存款缴纳上月增值税38 625.00元、城建税2 774.25元、教育附加1 260.75元、地方教育费附加780.5元，合计43 440.50元整，另附票据2张。

24. 缴纳公积金及社保

12月10日，收到银行的扣费通知，缴纳公积金和社保费，明细表如下。另附票据3张。

12月社保公积金明细表

部门		姓名	公司社保	公司公积金	个人社保	个人公积金
行政部		陈智	1 045.57	280.75	355.67	280.75
		张华	1 045.57	280.75	355.67	280.75
财务部		周岚	1 045.57	280.75	355.67	280.75
		张磊	1 045.57	280.75	355.67	280.75
		任伟	1 045.57	280.75	355.67	280.75
采购部		王丽	1 045.57	280.75	355.67	280.75
		蔡睿	1 045.57	280.75	355.67	280.75
仓库		王明（原材料库）	1 045.57	280.75	355.67	280.75
		王鑫（产成品库）	1 045.57	280.75	355.67	280.75
销售部		李文	1 045.57	280.75	355.67	280.75
		张明	1 045.57	280.75	355.67	280.75
生产车间	一车间	周华（半成品A1）	1 045.57	280.75	355.67	280.75
		唐宁（半成品B1）	1 045.57	280.75	355.67	280.75
		郭菲（半成品C1）	1 045.57	280.75	355.67	280.75
		王明华（半成品D）	1 045.57	280.75	355.67	280.75
	二车间	吴涛（节能灯A）	1 045.57	280.75	355.67	280.75
		董婷（节能灯B）	1 045.57	280.75	355.67	280.75
		朱美（景观灯C）	1 045.57	280.75	355.67	280.75
合计			18 820.26	5 053.5	6 402.06	5 053.5

25. 扣缴个人所得税

12月10日，收到银行个人所得税扣款通知，本期缴纳860.00元。另附票据1张。

26. 接受投资

12月11日，公司增资到800万元，根据投资协议书，公司接受巨峰投资集团投入的货币资金 430 万元，投资比例占增加资本后注册资本总额的 50%，款项已存入银行，另附票据 2 张。

27. 购打印机

12 月 11 日，行政部张华报销打印机价税合计 2 000.00 元（不含税单价 1 769.91 元），现金支付，销售部门已领用。另附票据 4 张。

报销单

编号 C001

开支项目 打印机 附单据张数 壹 附件张数

共报销人民币（大写）_ 贰仟元整 _ ￥2 000.00

报销部门：行政部 签名：张华 2020 年 12 月 11 日

负责人审批意见：	财务审核意见：	部门意见：
陈智	周岚	
2020 年 12 月 11 日	2020 年 12 月 11 日	2020 年 12 月 11 日

入库单

甲公司

NO.065904

日期：2020 年 12 月 11 日

供货单位：乙公司   收货仓库：原材料库

材料类别	材料名称	计量单位	数量	实际成本	
				单价	金额
周转材料	打印机	台	/		

检验：　　　　　　　　　　记账：张磊　　　　　　制单：王鑫

领料单

NO.1005

2020年12月11日　　　发料仓库：原材料库

领料部门	材料类别	材料名称	计量单位	数量	单价	金额	用途
销售部门	周转材料	打印机	台	/			办公用
		合计		/			

仓库主管：　　　　　发料人：王鑫　　　　　领料人：张明

28. 采购包装箱

12月12日，采购员蔡睿出差归来，向公司交来增值税发票一张，发票上列明从江苏徐州洋宇塑料制品有限公司购入塑料包装箱X001共5 000个，单价7.00元/个，不含税价款35 000.00元，增值税4 550.00元，用本月8日签发的银行汇票（60 000.00元）结算，实际结算金额为39 550.00元，货已验收入库。另附票据3张。

入库单

甲公司

NO.065905

日期：2020年12月11日

供货单位：乙公司　　　　　收货仓库：原材料库

材料类别	材料名称	计量单位	数量	实际成本	
				单价	金额
周转材料	塑料包装物	只	5 000	7	35 000

检验：　　　　　　　　记账：张磊　　　　　　制单：王明

29. 出差报销

12月12日，采购员蔡睿出差归来，报销差旅费价税合计2 135.00元

（高铁税率为9%，可抵扣），交回库存现金2 865.00元，结清预借款。另附票据5张。

差旅费报销单

日期：2020年12月12日

出差人：蔡睿				事由：购买包装物						
起止时间及地点				交通费		出差补贴			其他	
起点	月	日	终点	交通工具	金额	项目	人数	天数	金额	项目	金额
南京	12	8	徐州	高铁	150	餐饮住宿	1	3	1 500	打车	167.5
徐州	12	11	南京	高铁	150					打车	167.5
合计（大写）：贰仟壹佰叁拾伍元整				¥2 135.00		预支			5 000	退回补领	2 865.0
主管：王丽			复核：周岚			出纳：张磊			报销人：蔡睿		

30. 支付加工费

12月12日，银行转账支付12月7日委托南京华金塑料制品有限公司加工的塑料包装箱（型号为X-002）加工费14 690元，收到增值税专用发票注明价款13 000.00元，税额1 690.00元。另附票据3张。

付款申请单

2020年12月12日

往来单位	南京华金塑料制品有限公司	
账　　号	252588450673221331	
开 户 行	中国工商银行南京市鼓楼支行	
金　　额	壹万肆仟陆佰玖拾元整	
申 请 人	蔡睿	¥14 690
审批 陈智 2020.12.12	财务 周岚 2020.12.12	

付款原因：支付劳务加工费
付款方式：银行转账付款

31. 包装物入库

12月13日，加工完成塑料包装箱（型号X-002）2 650个，已经验收入库。另附票据1张。

委托加工物资收料单

收料单位：南京华金塑料制品有限公司
技工合同：1020　　　　　　　　　2020 年 12 月 13 日

货物类别	名称及规格	计量单位	数量	单价	金额
周转材料	塑料包装物（X-002）	只	2 650	50.00	132 500.00
	合计		2 650		132 500.00

仓库主管：　　　　　　　发料人：王明　　　　　　领料人：

32. 领用劳保用品

12 月 13 日，各车间领用当月劳动保护用品，其中，一车间领工作服 40 套，手套 40 副；二车间领工作服 30 套，手套 30 副。另附票据 1 张。

领料单

NO. 1006

2020 年 12 月 13 日　　　发料仓库：原材料库

领料部门	材料类别	材料名称	计量单位	数量	单价	金额	用途
一车间	周转材料	工作服	套	40	80.00	3 200.00	劳动保护
一车间	周转材料	手套	副	40	4.00	160.00	劳动保护
二车间	周转材料	工作服	套	30	80.00	2 400.00	劳动保护
二车间	周转材料	手套	副	30	4.00	120.00	劳动保护
	合计			140		5 880.00	

仓库主管：　　　　　　　发料人：王鑫　　　　　　领料人：唐宁、董婷

33. 领用包装物

12 月 14 日，销售部门向仓库领用包装箱（型号为 X-002）35 个，每个单价 50.00 元，随产品销售不单独计价，一次全部计入当期损益。另附单据 1 张。

领料单

NO. 1007

2020 年 12 月 13 日　　　发料仓库：原材料库

领料部门	材料类别	材料名称	计量单位	数量	单价	金额	用途
销售部	周转材料	塑料包装物（X-002）	只	35	50.00	1 750.00	包装物
		合计		35		1 750.00	

仓库主管：　　　　　　　　　发料人：王鑫　　　　　　　　领料人：张明

34. 以自产产品赠送商场展台

12 月 16 日，赠送给南京联华商场节能灯 A 型（不含税售价 25 元/台）、节能灯 B 型（不含税售价 30 元/台）、景观灯 C 型（不含税售价 75 元/台）各 6 件，用于商场展台展示，后期不退回公司。另附票据 1 张。

出库单
甲公司

2020 年 12 月 16 日　　　　　　　　　　　　　NO. 20002

出仓库：产成品库			收货单位：南京联华商场	
商品名称	单位	数量	单价	金额
景观灯 C 型	台	6	75.00	450.00
节能灯 A 型	台	6	25.00	150.00
节能灯 B 型	台	6	30.00	180.00
合计		6		780

仓库：王鑫　　　　　　　记账：张磊　　　　　　　制单：王鑫

35. 收定金

12 月 16 日，南京利华商贸有限公司预定节能灯 A 型 6 000 件，节能灯 B 型 7 000 件，景观灯 C 型 2 000 件，已签订合同，收取预收款 20 000.00

元，双方约定最迟19日发货。另附票据2张。

36. 销售商品

12月19日，将南京利华商贸有限公司订购的节能灯A型6 000件，节能灯B型7 000件，景观灯C型2 000件全部发出，发票随货物一起开具，剩余货款尚未收到（根据合同规定无质量问题买方同意付款）。另附票据2张。

出库单

甲公司

2020年12月19日　　　　　　　　　　　　　　　NO. 20003

出仓库：产成品库			收货单位：南京利华商贸有限公司	
商品名称	单位	数量	单价	金额
节能灯A型	台	6 000	25.00	150 000.00
节能灯B型	台	7 000	30.00	210 000.00
景观灯C型	台	2 000	75.00	150 000.00
合计		15 000		510 000.00
仓库：王鑫		记账：张磊		制单：王鑫

37. 支付广告费

12月20日，签发支票一张，支付华阳传媒公司广告费价税合计共40 000.00元（增值税税率为6%），收到对方开具的增值税专用发票。另附票据2张。

38. 发放工资

12月20日，发放上月工资，请根据工资表填制记账凭证。另附票据2张。

11 月份工资表

部门		姓名	应发工资	个人社保	个人公积金	个税	实发工资	专项扣除金额
行政部		陈智	12 000	355.67	280.75	436.36	10 927.22	2 000
		张华	10 000	355.67	280.75	336.36	9 027.22	1 000
财务部		周岚	10 000	355.67	280.75	306.36	9 057.22	1 300
		张磊	8 000	355.67	280.75	70.91	7 292.67	
		任伟	6 000	355.67	280.75	0	5 363.58	2 000
采购部		王丽	10 000	355.67	280.75	70.91	9 292.67	2 000
		蔡睿	9 000	355.67	280.75	70.91	8 292.67	1 000
仓库		王明（原材料库）	4 800	355.67	280.75	0	4 163.58	
		王鑫（产成品库）	4 800	355.67	280.75	0	4 163.58	
销售部		李文	4 668	355.67	280.75	0	4 031.58	
		张明	4 889	355.67	280.75	0	4 252.58	
生产车间	一车间	周华（半成品 A1）	6 000	355.67	280.75	10.91	5 352.67	
		唐宁（半成品 B1）	5 500	355.67	280.75	0	4 843.58	
		郭菲（半成品 C1）	5 500	355.67	280.75	0	4 843.58	
		王明华（半成品 D）	5 300	355.67	280.75	0	4 663.58	
	二车间	吴涛（节能灯 A）	4 500	355.67	280.75	0	3 863.58	
		董婷（节能灯 B）	6 000	355.67	280.75	10.91	5 352.67	
		朱美（景观灯 C）	6 000	355.67	280.75	10.91	5 352.67	
合计			122 957	6 402.06	5 053.5	1 324.54	110 176.9	9 300

附注：根据国家税务总局发布的个人所得税填报信息表，核实专项附加扣除情况如下：

部门	姓名	项目	金额
行政部	陈智	1. 赡养老人：1 000 元（非独生子女；分摊方式：均摊） 2. 子女教育：1 000 元（女儿：初中；独生女；夫妻双方协商由陈智扣除）	2 000
	张华	1. 住房贷款利息：1 000 元（首套住房贷款；夫妻双方协商确定两人均摊）	1 000
财务部	周岚	1. 住房贷款利息：1 000 元（首套住房贷款；夫妻双方协商确定两人均摊） 2. 继续教育：300（专升本学历教育）	1 300
	任伟	1. 子女教育：2 000 元（女儿：初中；儿子：小学；夫妻协商确定由任伟扣除）	2 000
采购部	王丽	1. 住房贷款利息：1 000 元（首套住房贷款；未婚） 2. 赡养老人：1 000 元（非独生子女；分摊方式：均摊）	2 000
	蔡睿	1. 住房租金：1 000 元（直辖市；无房产；未婚）	1 000

39. 支付手续费

12月20日,银行代发工资扣除手续费18.00元。另附票据1张。

40. 银行借款

12月21日,向招商银行借入一年期短期借款60万元到账。另附票据2张。

41. 支付短期借款利息

12月21日,支付上季度银行贷款250 000.00元所产生的利息(年利率为6%)。另附票据1张。

42. 销售商品

12月21日,向南京宏悦商贸有限公司销售景观灯C型80台(75.00元/台),不含税金额6 000.00元,增值税税率为13%,增值税销项税额为780.00元,款项未收(根据合同规定无质量问题买方同意全额付款)。另附票据2张。

出库单

甲公司

2020 年 12 月 19 日　　　　　　　　　　　　　　NO. 20004

出仓库:产成品库			收货单位:南京宏悦商贸有限公司	
商品名称	单位	数量	单价	金额
景观灯C型	台	80	75.00	6 000.00
合计		80		6 000.00
仓库:王鑫		记账:张磊		制单:王鑫

43. 收到退货

12月24日,因质量不符合南京宏悦商贸有限公司要求,收到宏悦商贸有限公司退回 12 月 21 日所购买的全部景观灯 C 型 80 台（75.00 元/台），并开具增值税红色发票。另附票据 3 张。

退货入库单

甲公司

2020 年 12 月 19 日　　　　　　　　　　　　　　　　　NO. 077861

收货仓库：产成品库			退货单位：南京宏悦商贸有限公司	
商品名称	单位	数量	单价	金额
景观灯 C 型	台	80	75.00	6 000.00
合计		80		6 000.00
仓库：王鑫		记账：张磊		制单：王鑫

44. 报销员工福利用品费用

12 月 24 日，行政部张华报销购买员工福利礼盒，礼盒已全部发放给员工。另附票据 3 张。

报销单

编号 C002

开支项目　圣诞节礼盒　附单据张数　壹　附件张数

共报销人民币（大写）　壹仟玖佰肆拾肆元整　¥ 1 944.00

报销部门：行政部　签名：张华　2020 年 12 月 24 日

负责人审批意见：	财务审核意见：	部门意见：
陈智	周岚	
2020 年 12 月 24 日	2020 年 12 月 24 日	2020 年 12 月 24 日

福利礼包发放明细表

部门	姓名	数量	金额	签名
行政部	陈智	1	108	陈智
	张华	1	108	张华
财务部	周岚	1	108	周岚
	张磊	1	108	张磊
	任伟	1	108	任伟

续表

部门		姓名	数量	金额	签名
采购部		王丽	1	108	王丽
		蔡睿	1	108	蔡睿
仓库		王明（原材料库）	1	108	王明（原材料库）
		王鑫（产成品库）	1	108	王鑫（产成品库）
销售部		李文	1	108	李文
		张明	1	108	张明
生产车间	一车间	周华（半成品A1）	1	108	周华（半成品A1）
		唐宁（半成品B1）	1	108	唐宁（半成品B1）
		郭菲（半成品C1）	1	108	郭菲（半成品C1）
		王明华（半成品D）	1	108	王明华（半成品D）
	二车间	吴涛（节能灯A）	1	108	吴涛（节能灯A）
		董婷（节能灯B）	1	108	董婷（节能灯B）
		朱美（景观灯C）	1	108	朱美（景观灯C）
合计			18	1 944	

45. 支付房租

12月25日，网银转账支付本月房屋租金价税合计共98 100.00元（税率为9%）。另附票据4张。

付款申请单
2020年12月25日

往来单位	南京建设投资发展有限公司	
账　号	6222036695360181122	
开户行	中国银行南京市鼓楼支行	付款原因：房屋租金
金　额	玖万捌仟壹佰元整	付款方式：银行转账
申请人	蔡睿	￥98 100
审　批	陈智 2020.12.25	财务 周岚 2020.12.25

部门	每月租金
综合办公室	20 000
一车间	35 000
二车间	35 000
合计	90 000

46. 以自产产品对外投资

12月26日，以自产景观灯C型1 800台对安华商贸有限公司投资，该项投资采用成本法核算，占安华商贸有限公司可辨认净资产公允价值份额的56%。另附票据3张。

出库单

甲公司

2020年12月19日   NO. 20005

出仓库：产成品库			收货单位：南京宏悦商贸有限公司	
商品名称	单位	数量	单价	金额
景观灯C型	台	1 800	75.00	135 000.00
合计		1 800		135 000.00
仓库：王鑫		记账：张磊		制单：王鑫

47. 报销业务招待费用

12月27日，销售部员工张明报销业务招待费980.00元，出纳现金付讫。另附票据2张。

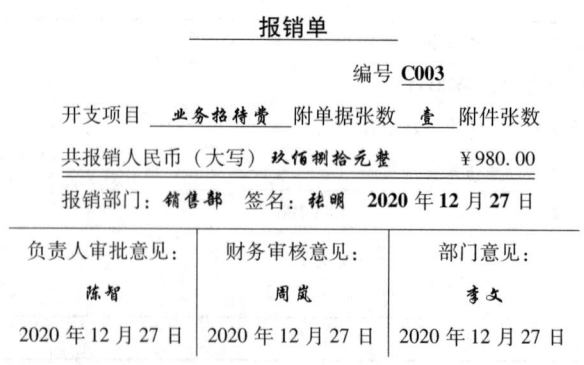

48. 以银行存款对外捐赠

12月29日，通过招商银行将银行存款15 000.00元捐赠给南京市青少年发展基金会,作为一笔助学款帮助深受学费困扰的青少年。另附凭证 2 张。

49. 支付水费

12 月 30 日,缴纳本月水费价税合计为 41 420.00 元(水费的增值税税率为 9%),已将款项从本单位账户中划出。另附票据 3 张。

水费分摊表

部门	分摊金额(元)
销售部门	200
管理部门	400
一车间	20 500
二车间	16 900
合计	38 000

50. 支付电费

12 月 30 日,缴纳本月电费价税合计为 33 900.00 元(水费的增值税税率为 13%),已将款项从本单位账户中划出。另附票据 3 张。

电费分摊表

部门	分摊金额(元)
销售部门	580
管理部门	1 600
一车间	15 136.8
二车间	12 683.2
合计	30 000

51. 计提工资

12 月 30 日,计提本月工资。另附票据 1 张。

12 月份工资表

部门		姓名	应发工资	个人社保	个人公积金	个税	实发工资	专项扣除金额
行政部		陈智	12 000	355.67	280.75	436.36	10 927.22	2 000
行政部		张华	10 000	355.67	280.75	336.36	9 027.22	1 000
财务部		周岚	10 000	355.67	280.75	306.36	9 057.22	1 300
财务部		张磊	8 000	355.67	280.75	70.91	7 292.67	
财务部		任伟	6 000	355.67	280.75	0	5 363.58	2 000
采购部		王丽	10 000	355.67	280.75	70.91	9 292.67	2 000
采购部		蔡睿	9 000	355.67	280.75	70.91	8 292.67	1 000
仓库		王明（原材料库）	4 800	355.67	280.75	0	4 163.58	
仓库		王鑫（产成品库）	4 800	355.67	280.75		4 163.58	
销售部		李文	4 668	355.67	280.75	0	4 031.58	
销售部		张明	4 889	355.67	280.75	0	4 252.58	
生产车间	一车间	周华（半成品 A1）	6 000	355.67	280.75	10.91	5 352.67	
生产车间	一车间	唐宁（半成品 B1）	5 500	355.67	280.75	0	4 843.58	
生产车间	一车间	郭菲（半成品 C1）	5 500	355.67	280.75	0	4 843.58	
生产车间	一车间	王明华（半成品 D）	5 300	355.67	280.75	0	4 663.58	
生产车间	二车间	吴涛（节能灯 A）	4 500	355.67	280.75	0	3 863.58	
生产车间	二车间	董婷（节能灯 B）	6 000	355.67	280.75	10.91	5 352.67	
生产车间	二车间	朱美（景观灯 C）	6 000	355.67	280.75	10.91	5 352.67	
合计			122 957	6 402.06	5 053.5	1 324.54	110 176.9	9 300

附注：根据国家税务总局发布的个人所得税填报信息表，核实专项附加扣除情况如下：

部门	姓名	专项附加扣除情况	金额
行政部	陈智	1. 赡养老人：1 000 元（非独生子女；分摊方式：均摊）	2 000
行政部	陈智	2. 子女教育：1 000 元（女儿：初中；独生女；夫妻双方协商由陈智扣除）	2 000
行政部	张华	1. 住房贷款利息：1 000 元（首套住房贷款；夫妻双方协商确定两人均摊）	1 000
财务部	周岚	1. 住房贷款利息：1 000 元（首套住房贷款；夫妻双方协商确定两人均摊）	1 300
财务部	周岚	2. 继续教育：300（专升本学历教育）	1 300
财务部	任伟	1. 子女教育：2 000 元（女儿：初中；儿子：小学；夫妻协商确定由任伟扣除）	2 000
采购部	王丽	1. 住房贷款利息：1 000 元（首套住房贷款；未婚）	2 000
采购部	王丽	2. 赡养老人：1 000 元（非独生子女；分摊方式：均摊）	2 000
采购部	蔡睿	1. 住房租金：1 000 元（直辖市；无房产；未婚）	1 000

52. 摊销无形资产

12月30日,摊销本月出租专利权应负担的无形资产价值。另附票据1张。

无形资产摊销表
2020年12月30日

账户	资产名称	摊销额
无形资产	专利权	4 000.00
合计		4 000.00

制单:任伟　　　　　审核:周岚

53. 支付电话电费

12月30日,接银行付款通知,支付12月的电话费价税合计共6 540.00元(增值税率为9%)。另附票据3张。

电话费分配表

销售部门	4 200
管理部门	1 800
合计	6 000

54. 折旧

12月30日,计提本月份固定资产折旧。另附票据1张。

部门	固定资产名称	数量	购入时间	原值	净残值率	净残值	折旧年限	月折旧额	年折旧额	已提折旧
生产一车间	注塑机	2	2019.11.23	173 500	5%	8 675	10	1 373.54	16 482.5	17 856.04
	电子节能灯生产线	1	2019.11.23	1 000 000	5%	50 000	10	7 916.67	95 000	102 916.67
	旋压机	1	2019.11.23	46 000	5%	2 300	10	364.17	4370	4 734.17
生产二车间	灯饰装配工作台	1	2019.11.23	150 000	5%	7 500	10	1 187.5	14 250	15 437.5
	节能灯灯头锁紧机	2	2019.11.23	600 000	5%	30 000	10	4 750	57 000	61 750

续表

部门	固定资产名称	数量	购入时间	原值	净残值率	净残值	折旧年限	月折旧额	年折旧额	已提折旧
管理部门	空调	8	2019.11.23	64 000	5%	3 200	5	1 013.33	12 160	13 173.33
	电脑	11	2019.11.23	61 600	5%	3 080	5	975.33	11 704	12 679.33
	现代小轿车	1	2019.11.23	130 000	5%	6 500	4	2 572.92	30 875	33 447.92
销售部门	空调	2	2019.11.23	16 000	5%	800	5	253.33	3 040	3 293.33
	电脑	3	2019.11.23	16 800	5%	840	5	266	3 192	3 458
	金杯小货车	1	2019.11.23	1 200 00	5%	6 000	4	2 375	28 500	30 875
合计				2 377 900				23 047.79	276 573.5	299 621.29

55. 计提坏账准备

12月30日，计提坏账准备。另附票据1张。

坏账准备计提表

账户名称	期末余额	坏账提取率	应提取坏账准备金额	坏账准备期初余额	实际提取额
应收账款		0.5%			
其他应收款		0.5%			
合计					

注：应收账款期初余额为0；其他应收款期初余额合计共9 546.3元。

56. 计提利息

12月30日，计提本月短期借款利息。另附票据1张。

利息计提表

短期借款	利率（年）	年度应计利息	本月应计利息
	6%		

编制日期：2020年12月30日

57. 提前报废生产设备

12月31日,处置一车间提前报废旋压机,原值4 600元,已计提折旧4 734.17元,未提减值准备。另附票据1张。

58. 处置固定资产发生损益

12月31日,处置固定资产发生拆卸、装运费用1 500元,以现金支付。固定资产处置收入已取得增值税专用发票,价税合计共33 900.00元(注:增值税率为13%),款项已收存银行。另附票据4张。

固定资产清理表

项目名称	清理原因	固定资产			净值	清理费用	清理收入	期末余额	备注	批准人
		原值	已提折旧	减值准备						
		1	2	3	4=1-2-3	5	6	7=4+5-6		
合计										

付款申请单

2020年12月31日

往来单位	王黎		
账 号			
开户行			
金 额	壹仟伍佰元整		
申请人	周华	¥1 500	
审 批	陈智 2020.12.31	财 务	周岚 2020.12.31

付款原因:房屋租金
付款方式:银行转账

59. 包装物盘亏

12月31日,进行财产清查,其中,涂料盘亏40升,包装箱(型号为X-002)短缺6个。经查明,涂料盘亏和包装物缺少均由管理不善造成,其中涂料 40 升由王明管理不善造成，其损失应由王明个人承担，其他盘亏原因不明，经批准损失由公司承担（注：需要做进项税额转出）。另附票据 1 张。

财产物资盘点报告表

类别：存货　　　　　　　　　　日期：2020 年 12 月 31 日

名称	规格	单位	单价	账面数		盘点数		盘盈		盘亏		备注
				数量	金额	数量	金额	数量	金额	数量	金额	
涂料		升	20.00	500	10 000	460	9 200			40	80	
包装箱	x-002	只	50.00	2 800	140 000	2 794	139 700			6	300	
合计					150 000		148 900				1 100	

原因分析： 涂料盘亏和包装物缺少均由管理不善造成，其中涂料 40 升由王明管理不善造成。	审批意见： 涂料 40 升的损失应由王明个人承担，其他盘亏原因不明，经批准损失由公司承担。
财务负责人：任伟	审核：周岚

60. 应收赔偿款

12 月 31 日，职工王明交来应由他赔偿的现金，由出纳开给其收据。另附票据 1 张。

61. 结转增值税

12 月 31 日，将本月收到的专票进行勾选确认，计算本月未交增值税金额。另附票据 3 张。

应交增值税计算表

2020 年 12 月 31 日

序号	销项税额	进项税额	进项税额转出	本月应交增值税金额	本月已交
	1	2	3	4 = 1 - (2 - 3)	
1					
2					
3					
4					
5					
6					
主管：		会计：		制单：	

12 月待认证进项税转进项税明细

日期	单据号	对方公司名称	货物或应税劳务名称	发票总金额	不含税金额	税率	税额
12月1日	记-4	乙公司	玻璃、涂料、塑料	406 800	360 000	13%	46 800
12月4日	记-7	丙公司	钢材、铝材	53 675	47 500	13%	6 175
12月9日	记-16	南京捷达制造有限公司	旋压机	25 990	23 000	13%	2 990
12月9日	记-19	南京铝业制造有限公司	铝材料	72 320	64 000	13%	8 320
12月9日	记-19	南京铝业制造有限公司	运输费	2 725	2 500	9%	225
12月11日	记-27	乙公司	打印机	2 000	1 769.91	13%	230.09
12月11日	记-28	乙公司	塑料包装物	39 550	35 000	13%	4 550
12月12日	记-30	南京华金塑料制品有限公司	包装物加工费	14 690	13 000	13%	1 690
12月20日	记-37	华阳传媒公司	广告费	40 000	37 735.85	6%	2 264.15
12月25日	记-45	南京建设投资发展有限公司	房租	98 100	90 000	9%	8 100
12月30日	记-49	南京市鼓楼区供水有限公司	水费	41 420	38 000	9%	3 420
12月30日	记-50	南京市鼓楼区供电有限公司	电费	33 900	30 000	13%	3 900
12月30日	记-53	中国电信南京鼓楼分公司	通讯费	6 540	6 000	9%	540
		合计		837 710	748 505.76		89 204.24

62. 计提税金

12月31日，计提附加税。另附票据1张。

附加税计提表
2020年12月31日

业务类型	计税金额	应交城市建设维护费		应交教育附加费		地方教育附加费	
		税率	税额	税率	税额	税率	税额
增值税		7%		3%		2%	
合计							
主管：		会计：			制单：		

63. 分摊一车间直接工时及制造费用

12月31日,根据工时比例法结转分配一车间制造费用到半成品A1、B1、C1、D(假设A1、B1、C1、D当月全部完工)。另附票据1张。

一车间制造费用分配率

产品	生产工时	分配率	分配金额
	1	2	3 = 1 × 2
半成品 A1	1 000		
半成品 B1	2 000		
半成品 C1	2 000		
半成品 D	3 000		
合计	8 000		
备注:分配率			

64. 结转完工半成品成本

12月31日,计算各种半成品成本,并结转本月完工入库半成品成本(假设A1、B1、C1、D当月全部完工,期初和期末皆无在产品)。备注:本月半成品A1入库5 000件,半成品B1入库4 000件,半成品C1入库2 500件,半成品D入库15 000件。另附票据1张。

完工半成品成本明细表

产品名称	本期成本			
	直接材料	直接人工	制造费用	合计
半成品 A1				
半成品 B1				
半成品 C1				
半成品 D				
合计				

65. 二车间领用半成品

12月31日，本月生产部门二车间领用半成品A1（10 000）件，半成品B1（8 000）件，半成品C1（4 000）件，半成品D（22 000）件。使用加权平均法计算二车间领用半成品的成本，并结转本月领用半成品的成本。备注：产成品A所需的原材料主要是半成品A1和D，产成品B所需的原材料主要是半成品B1和D，产成品C所需的原材料主要是半成品C1和D，D和其他半成品的比例皆是1∶1。另附票据2张。

出库半成品成本计算表

产品名称	期初数量	期初成本	本期入库	本期成本	发出数量	发出成本
	1	2	3	4	6	7
半成品A1	5 000	29 000				
半成品B1	4 500	41 940				
半成品C1	2 120	45 792				
半成品D	11 700	82 932				
合计	23 320	199 664				

半成品领用明细表

产品名称		A	B	C	合计
A1	数量				
	金额				
B1	数量				
	金额				
C1	数量				
	金额				
D	数量				
	金额				
合计					

66. 二车间分配制造费用、人工工资

12月31日，根据工时比例法分配节能灯A、B景观灯C型制造费用。另附票据1张。

二车间制造费用分配表

产品	生产工时	分配率	分配金额
	1	2	3 = 1 × 2
节能灯 A	1 000		
节能灯 B	2 000		
景观灯 C	2 000		
合计	5 000		
备注：分配率			

67. 结转各种完工产品成本

12月31日，计算各种完工产品成本并结转（约当产量法）。备注：月末产品信息：月末在产品的完工百分比为50%。A成品本月完工12 000台，月末在产品2 000台；B成品本月完工10 000台，月末在产品1 000台；C成品本月完工7 000台，月末在产品1 000台。另附票据4张。

约当产量分配

生产品种	月初在产品	本月完工	月末在产品	完工率	月末在产品约定数量
节能灯 A	4 000				
节能灯 B	3 000				
景观灯 C	4 000				

在产品约当产量 = 在产品数量×完工率（完工程度）；完工率 =（上道工序本月累计工时 + 本道工序本月累计工时×50%）/产品总工时（结果保留两位小数）

A 成本计算单

项目	产量（件）	直接材料	直接人工	制造费用	合计
月初在产品成本	4 000	56 022.54	1 753.07	4 509.91	62 285.52
本月生产费用					
合计					
分配率					
产成品转出					
月末在产品					

注：直接材料分配率 = 直接材料总额/投产总量，直接人工分配率 = 直接人工总额/（完工产品数量 + 月末在产品约当产量），制造费用分配率计算方法同直接人工。

B 成本计算单

项目	产量（件）	直接材料	直接人工	制造费用	合计
月初在产品成本	3 000	49 822.67	2 251.01	6 342.07	58 415.75
本月生产费用					
合计					
分配率					
产成品转出					
月末在产品					

注：直接材料分配率＝直接材料总额/投产总量，直接人工分配率＝直接人工总额/（完工产品数量＋月末在产品约当产量），制造费用分配率计算方法同直接人工。

C 成本计算单

项目	产量（件）	直接材料	直接人工	制造费用	合计
月初在产品成本	4 000	104 265.07	5 597.69	28 186.99	138 049.75
本月生产费用					
合计					
分配率					
产成品转出					
月末在产品					

注：直接材料分配率＝直接材料总额/投产总量，直接人工分配率＝直接人工总额/（完工产品数量＋月末在产品约当产量），制造费用分配率计算方法同直接人工。

68. 结转销售产品成本

12 月 31 日，结转销售产品成本。另附票据 4 张。

出库成品成本计算表

产品名称	期初数量	期初成本	本期数量	本期成本	单位成本	发出数量	发出成本
	1	2	3	4	5＝2＋4/1＋3	6	7＝5×6
A	4 000	52 625.19					
B	4 500	75 983.4					
C	3 365	219 804.71					
合计	11 865	348 413.3					

A 产品出库汇总表

序号	凭证号	产品名称	单位	数量	单价	金额	备注
		节能灯 A 型					
合计							

B 产品出库汇总表

序号	凭证号	产品名称	单位	数量	单价	金额	备注
		节能灯 B 型					
合计							

C 产品出库汇总表

序号	凭证号	产品名称	单位	数量	单价	金额	备注
		景观灯 C 型					
合计							

69. 结转损益

12 月 31 日，结转损益类账户到本年利润。

70. 计提所得税

12 月 31 日，计提第四季度企业所得税。另附票据 1 张。

损益科目明细表

科目名称	12月发生额	1~11月累计发生额	1~12月累计发生额
主营业务收入		10 472 584.10	
其他业务收入		103 773.56	
主营业务成本		6 564 122.62	
其他业务成本		33 000.00	
税金及附加		48 122.69	
销售费用		659 431.08	
管理费用		1 181 475.13	
财务费用		48 953.63	
信用减值损失		0.00	
营业外支出		248 224.13	
利润总额		1 793 028.38	
所得税费用		85 000	

71. 结转所得税到本年利润。

12月31日，结转所得税费用。

72. 结转本年利润

12月31日，结转本年利润。

73. 计提法定盈余公积

12月31日，计提法定盈余公积。

74. 提取任意盈余公积。

12月31日，计提任意盈余公积（任意盈余公积按5%计提）。

附录　记账凭证参考答案

1.

凭证字 记 1	日期 2021-10-12		记账凭证										附单据 1 张								
摘要	会计科目		借方金额										贷方金额								
	一级科目	明细	亿	千	百	十	万	千	百	十	元	角	分	亿	千	百	十	万	千	百	十	元	角	分
取现	库存现金							5	0	0	0	0	0											
取现	银行存款	招商银行																		5	0	0	0	0	0
合计：伍仟元整								5	0	0	0	0	0							5	0	0	0	0	0

2.

凭证字 记 2	日期 2021-10-12		记账凭证										附单据 1 张								
摘要	会计科目		借方金额										贷方金额								
	一级科目	明细	亿	千	百	十	万	千	百	十	元	角	分	亿	千	百	十	万	千	百	十	元	角	分
报销办公费	管理费用	办公费								9	8	0	0	0											
报销办公费	库存现金																					9	8	0	0	0
合计：玖佰捌拾元整										9	8	0	0	0								9	8	0	0	0

3.

凭证字 记 3　　日期 2021-10-12　　**记账凭证**　　附单据 1 张

摘要	会计科目		借方金额	贷方金额
	一级科目	明细	亿千百十万千百十元角分	亿千百十万千百十元角分
购买支票	管理费用	办公费	2 0 0 0	
购买支票	银行存款	招商银行		2 0 0 0
合计：贰拾元整			2 0 0 0	2 0 0 0

4.

凭证字 记 4　　日期 2021-10-12　　**记账凭证**　　附单据 4 张

摘要	会计科目		借方金额	贷方金额
	一级科目	明细	亿千百十万千百十元角分	亿千百十万千百十元角分
购买原材料	原材料	玻璃	1 2 0 0 0 0 0 0	
购买原材料	原材料	塑料	2 0 0 0 0 0 0	
购买原材料	原材料	涂料	4 0 0 0 0 0	
购买原材料	应交税费	待认证进项税额	4 6 8 0 0 0	
购买原材料	银行存款	招商银行		1 4 0 6 8 0 0 0 0
合计：肆拾万陆仟捌佰元整			1 4 0 6 8 0 0 0 0	1 4 0 6 8 0 0 0 0

5.

凭证字 记 5　　日期 2021-10-13　　**记账凭证**　　附单据 1 张

摘要	会计科目		借方金额	贷方金额
	一级科目	明细	亿千百十万千百十元角分	亿千百十万千百十元角分
领用材料	生产成本	一车间-半成品A1-I	9 6 0 0 0 0	
领用材料	生产成本	一车间-半成品B1-I	5 2 0 0 0 0	
领用材料	生产成本	一车间-半成品C1-I	8 8 0 0 0 0	
领用材料	原材料	玻璃		9 6 0 0 0 0
领用材料	原材料	塑料		2 0 0 0 0 0
领用材料	原材料	涂料		1 2 0 0 0 0 0
合计：贰万叁仟陆佰元整			2 3 6 0 0 0 0	2 3 6 0 0 0 0

6.

7.

摘要	会计科目 一级科目	会计科目 明细	借方金额 亿千百十万千百十元角分	贷方金额 亿千百十万千百十元角分
购入钢材	原材料	铜材	3 0 0 0 0 0 0	
购入钢材	原材料	铜材	1 7 5 0 0 0 0	
购入钢材	应交税费	待认证进项税额	6 1 7 5 0 0	
购入钢材	银行存款	招商银行		5 3 6 7 5 0 0
合计：伍万叁仟陆佰柒拾伍元整			5 3 6 7 5 0 0	5 3 6 7 5 0 0

凭证字 记 7 日期 2021-10-13 记账凭证 附单据 4 张

8.

9.

10.

11.

12.

13.

14.

15.

16.

17.

摘要	会计科目		借方金额	贷方金额
	一级科目	明细	亿千百十万千百十元角分	亿千百十万千百十元角分
收回8号货款	银行存款	招商银行	1 0 1 1 5 7 5 0	
收回8号货款	合同资产			1 0 1 1 5 7 5 0
合计：壹拾万壹仟壹佰伍拾柒元伍角			1 0 1 1 5 7 5 0	1 0 1 1 5 7 5 0

凭证字 记 17　日期 2021-10-16　记账凭证　附单据 1 张

18.

凭证字 记 18 日期 2021-10-16 记账凭证 附单据 1 张

摘要	会计科目		借方金额	贷方金额
	一级科目	明细	亿 千 百 十 万 千 百 十 元 角 分	亿 千 百 十 万 千 百 十 元 角 分
领用公文包和文件夹	销售费用	办公费	1 7 5 0 0	
领用公文包和文件夹	管理费用	办公费	3 7 5 0 0	
领用公文包和文件夹	周转材料	公文包		3 5 0 0 0
领用公文包和文件夹	周转材料	文件夹		2 0 0 0 0
合计：伍佰伍拾元整			5 5 0 0 0	5 5 0 0 0

19.

凭证字 记 19 日期 2021-10-18 记账凭证 附单据 7 张

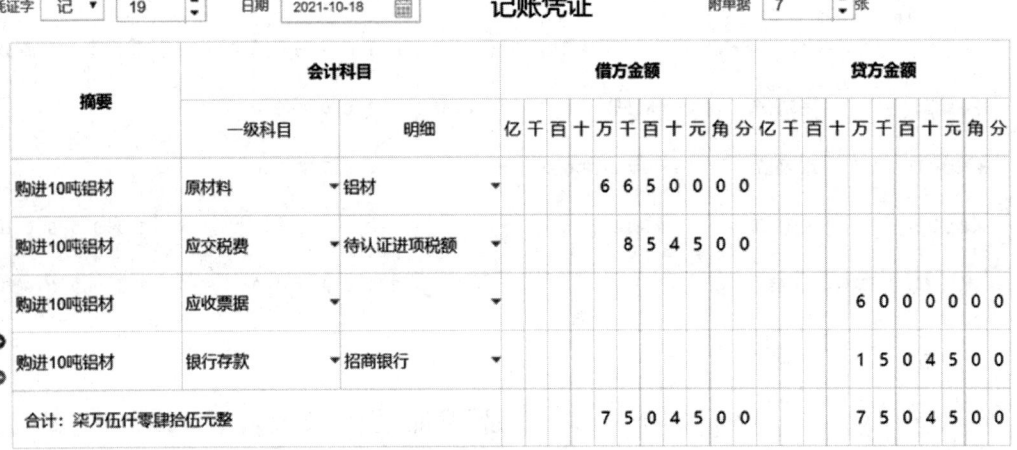

摘要	会计科目		借方金额	贷方金额
	一级科目	明细	亿 千 百 十 万 千 百 十 元 角 分	亿 千 百 十 万 千 百 十 元 角 分
购进10吨铝材	原材料	铝材	6 6 5 0 0 0 0	
购进10吨铝材	应交税费	待认证进项税额	8 5 4 5 0 0	
购进10吨铝材	应收票据			6 0 0 0 0 0 0
购进10吨铝材	银行存款	招商银行		1 5 0 4 5 0 0
合计：柒万伍仟零肆拾伍元整			7 5 0 4 5 0 0	7 5 0 4 5 0 0

20.

凭证字 记 20 日期 2021-10-18 记账凭证 附单据 1 张

摘要	会计科目		借方金额	贷方金额
	一级科目	明细	亿 千 百 十 万 千 百 十 元 角 分	亿 千 百 十 万 千 百 十 元 角 分
领用原材料	生产成本	一车间-半成品D	6 4 0 0 0 0 0	
领用原材料	原材料	铝材		6 4 0 0 0 0 0
合计：陆万肆仟元整			6 4 0 0 0 0 0	6 4 0 0 0 0 0

21.

记账凭证
凭证字 记 21　日期 2021-10-18　附单据 2 张

摘要	会计科目		借方金额	贷方金额
	一级科目	明细	亿千百十万千百十元角分	亿千百十万千百十元角分
无形资产租赁	银行存款	招商银行	1 5 0 0 0 0 0	
无形资产租赁	其他业务收入			1 4 1 5 0 9 4
无形资产租赁	应交税费	应交增值税-销项税		8 4 9 0 6
合计：壹万伍仟元整			1 5 0 0 0 0 0	1 5 0 0 0 0 0

22.

记账凭证
凭证字 记 22　日期 2021-10-18　附单据 2 张

摘要	会计科目		借方金额	贷方金额
	一级科目	明细	亿千百十万千百十元角分	亿千百十万千百十元角分
车辆违章罚款	营业外支出		2 0 0 0 0	
车辆违章罚款	银行存款	招商银行		2 0 0 0 0
合计：贰佰元整			2 0 0 0 0	2 0 0 0 0

23.

记账凭证
凭证字 记 23　日期 2021-10-18　附单据 2 张

摘要	会计科目		借方金额	贷方金额
	一级科目	明细	亿千百十万千百十元角分	亿千百十万千百十元角分
缴纳税费	应交税费	未交增值税	3 8 6 2 5 0 0	
缴纳税费	应交税费	应交城市维护建设税	2 7 7 4 2 5	
缴纳税费	应交税费	应交教育费附加	1 2 6 0 7 5	
缴纳税费	应交税费	应交地方教育费附加	7 8 0 5 0	
缴纳税费	银行存款	招商银行		4 3 4 4 0 5 0
合计：肆万叁仟肆佰肆拾元伍角			4 3 4 4 0 5 0	4 3 4 4 0 5 0

24.

记账凭证

凭证字 记 24　　日期 2021-10-18　　附单据 3 张

摘要	会计科目		借方金额	贷方金额
	一级科目	明细	亿千百十万千百十元角分	亿千百十万千百十元角分
计提社保、公积金	管理费用	社保	9 4 1 0 1 3	
计提社保、公积金	销售费用	社保	2 0 9 1 1 4	
计提社保、公积金	管理费用	公积金	2 5 2 6 7 5	
计提社保、公积金	销售费用	公积金	5 6 1 5 0	
计提社保、公积金	生产成本		9 2 8 4 2 4	
计提社保、公积金	应付职工薪酬	社会保险费		1 8 8 2 0 2 6
计提社保、公积金	应付职工薪酬	公积金		5 0 5 3 5 0
合计：贰万叁仟捌佰柒拾叁元柒角陆分			2 3 8 7 3 7 6	2 3 8 7 3 7 6

记账凭证

凭证字 记 24　　日期 2021-10-18　　附单据 3 张

摘要	会计科目		借方金额	贷方金额
	一级科目	明细	亿千百十万千百十元角分	亿千百十万千百十元角分
缴纳社保、公积金	应付职工薪酬	社会保险费	1 8 8 2 0 2 6	
缴纳社保、公积金	应付职工薪酬	公积金	5 0 5 3 5 0	
缴纳社保、公积金	其他应收款	代扣个人社保	6 4 0 2 0 6	
缴纳社保、公积金	其他应收款	代扣个人公积金	5 0 5 3 5 0	
缴纳社保、公积金	银行存款	招商银行		3 5 3 2 9 3 2
合计：叁万伍仟叁佰贰拾玖元叁角贰分			3 5 3 2 9 3 2	3 5 3 2 9 3 2

25.

摘要	会计科目		借方金额	贷方金额
	一级科目	明细	亿千百十万千百十元角分	亿千百十万千百十元角分
缴纳个税	应交税费	应交个人所得税	8 6 0 0 0	
缴纳个税	银行存款	招商银行		8 6 0 0 0
合计：捌佰陆拾元整			8 6 0 0 0	8 6 0 0 0

26.

摘要	会计科目		借方金额	贷方金额
	一级科目	明细	亿千百十万千百十元角分	亿千百十万千百十元角分
接收投资	银行存款	招商银行	4 3 0 0 0 0 0 0 0	
接收投资	实收资本			4 0 0 0 0 0 0 0 0
接收投资	资本公积			3 0 0 0 0 0 0 0
合计：肆佰叁拾万元整			4 3 0 0 0 0 0 0 0	4 3 0 0 0 0 0 0 0

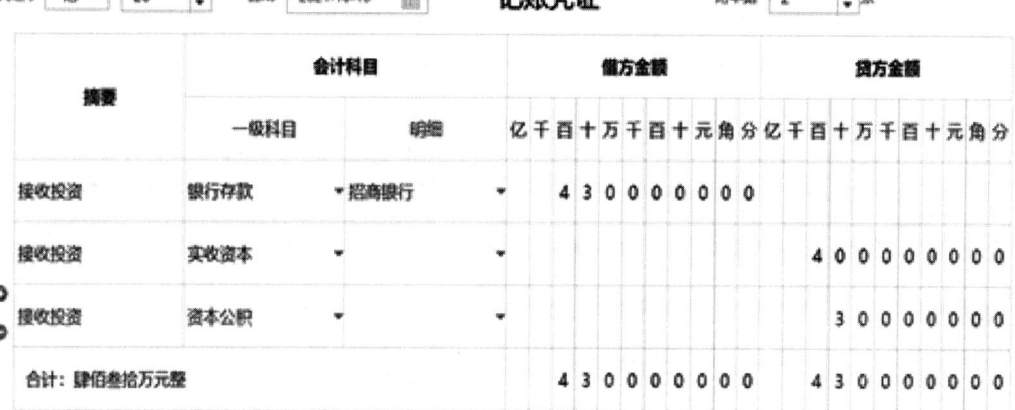

27.

摘要	会计科目		借方金额	贷方金额
	一级科目	明细	亿千百十万千百十元角分	亿千百十万千百十元角分
购买打印机	周转材料	打印机	1 7 6 9 9 1	
购买打印机	应交税费	待认证进项税额	2 3 0 0 9	
购买打印机	库存现金			2 0 0 0 0 0
领用打印机	销售费用	办公费	1 7 6 9 9 1	
领用打印机	周转材料	打印机		1 7 6 9 9 1
合计：叁仟柒佰陆拾玖元玖角壹分			3 7 6 9 9 1	3 7 6 9 9 1

28.

凭证字 记 28　日期 2021-10-21　**记账凭证**　附单据 3 张

摘要	会计科目		借方金额	贷方金额
	一级科目	明细	亿千百十万千百十元角分	亿千百十万千百十元角分
采购塑料包装箱	周转材料	塑料包装箱X001	3 5 0 0 0 0 0	
采购塑料包装箱	应交税费	待认证进项税额	4 5 5 0 0 0	
采购塑料包装箱	其他货币资金	银行汇票		3 9 5 5 0 0 0
汇票余款退回企业	银行存款	招商银行	2 0 4 5 0 0 0	
汇票余款退回企业	其他货币资金	银行汇票		2 0 4 5 0 0 0
合计：陆万元整			6 0 0 0 0 0 0	6 0 0 0 0 0 0

29.

凭证字 记 29　日期 2021-10-21　**记账凭证**　附单据 5 张

摘要	会计科目		借方金额	贷方金额
	一级科目	明细	亿千百十万千百十元角分	亿千百十万千百十元角分
报销差旅费	管理费用	差旅费	2 1 1 0 2 3	
报销差旅费	应交税费	应交增值税-进项税	2 4 7 7	
报销差旅费	库存现金			2 8 6 5 0 0
报销差旅费	其他应收款			5 0 0 0 0 0
合计：伍仟元整			5 0 0 0 0 0	5 0 0 0 0 0

30.

凭证字 记 30　日期 2021-10-22　**记账凭证**　附单据 3 张

摘要	会计科目		借方金额	贷方金额
	一级科目	明细	亿千百十万千百十元角分	亿千百十万千百十元角分
支付加工费	委托加工物资		1 3 0 0 0 0 0	
支付加工费	应交税费	待认证进项税额	1 6 9 0 0 0	
支付加工费	银行存款	招商银行		1 4 6 9 0 0 0
合计：壹万肆仟陆佰玖拾元整			1 4 6 9 0 0 0	1 4 6 9 0 0 0

31.

摘要	会计科目		借方金额	贷方金额
	一级科目	明细	亿千百十万千百十元角分	亿千百十万千百十元角分
收回委托加工包装箱	周转材料	塑料包装箱X002	1 3 2 5 0 0 0	
收回委托加工包装箱	委托加工物资			1 3 2 5 0 0 0
合计：壹拾叁万贰仟伍佰元整			1 3 2 5 0 0 0	1 3 2 5 0 0 0

凭证字 记 31 日期 2021-10-22 附单据 1 张

32.

摘要	会计科目		借方金额	贷方金额
	一级科目	明细	亿千百十万千百十元角分	亿千百十万千百十元角分
领用劳保用品	制造费用	一车间	3 3 6 0 0 0	
领用劳保用品	制造费用	二车间	2 5 2 0 0 0	
领用劳保用品	周转材料	工作服		5 6 0 0 0 0
领用劳保用品	周转材料	手套		2 8 0 0 0
合计：伍仟捌佰捌拾元整			5 8 8 0 0 0	5 8 8 0 0 0

凭证字 记 32 日期 2021-10-22 附单据 1 张

33.

摘要	会计科目		借方金额	贷方金额
	一级科目	明细	亿千百十万千百十元角分	亿千百十万千百十元角分
领用X002包装箱35只	销售费用	包装物	1 7 5 0 0 0	
领用X002包装箱35只	周转材料	塑料包装箱X002		1 7 5 0 0 0
合计：壹仟柒佰伍拾元整			1 7 5 0 0 0	1 7 5 0 0 0

凭证字 记 33 日期 2021-10-22 附单据 1 张

34.

凭证字 记 34 日期 2021-10-22 **记账凭证** 附单据 1 张

摘要	会计科目		借方金额	贷方金额
	一级科目	明细	亿千百十万千百十元角分	亿千百十万千百十元角分
赠送商品，视同销售	销售费用	广告宣传费	８８１４０	
赠送节能灯A6件	主营业务收入	节能灯A		１５０００
赠送节能灯B6件	主营业务收入	节能灯B		１８０００
赠送景观灯C6件	主营业务收入	景观灯C		４５０００
确定税费	应交税费	应交增值税-销项税		１０１４０
合计：捌佰捌拾壹元肆角			８８１４０	８８１４０

35.

凭证字 记 35 日期 2021-10-22 **记账凭证** 附单据 2 张

摘要	会计科目		借方金额	贷方金额
	一级科目	明细	亿千百十万千百十元角分	亿千百十万千百十元角分
收预付款	银行存款	招商银行	２０００００	
收预付款	合同负债			２０００００
合计：贰万元整			２０００００	２０００００

36.

凭证字 记 36 日期 2021-10-23 **记账凭证** 附单据 2 张

摘要	会计科目		借方金额	贷方金额
	一级科目	明细	亿千百十万千百十元角分	亿千百十万千百十元角分
确认销售收入	合同负债		２０００００	
确认销售收入	合同资产		５５６３０００	
销售节能灯A型6000	主营业务收入	节能灯A		１５０００００
销售节能灯B型7000	主营业务收入	节能灯B		２１０００００
销售景观灯C型2000	主营业务收入	景观灯C		１５０００００
确认税费	应交税费	应交增值税-销项税		６６３０００
合计：伍拾柒万陆仟叁佰元整			５７６３０００	５７６３０００

37.

38.

39.

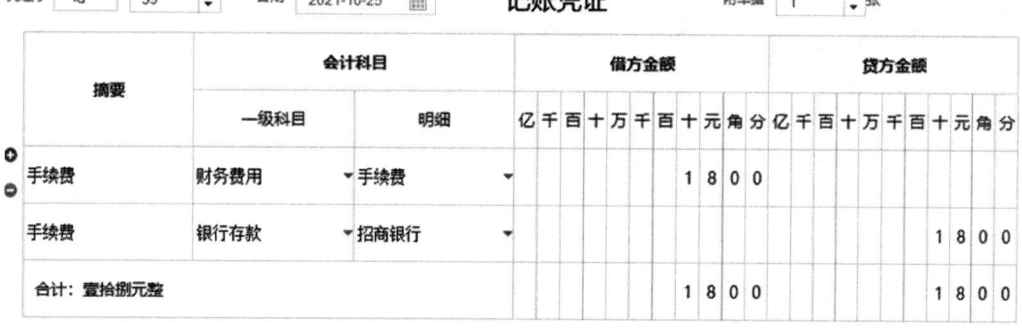

40.

41.

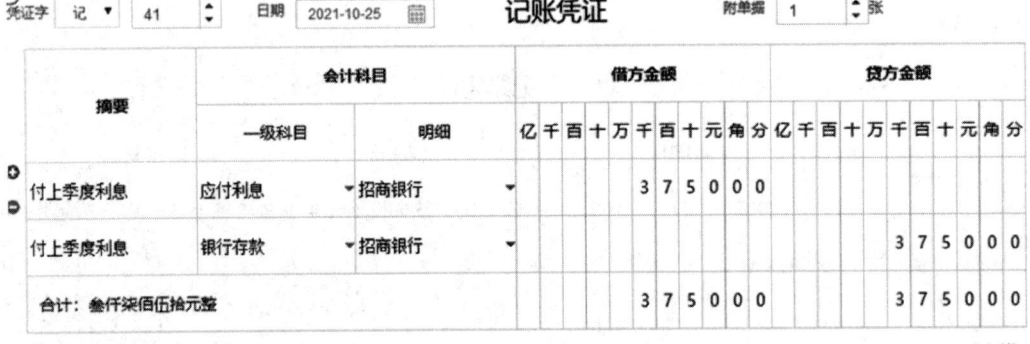

42.

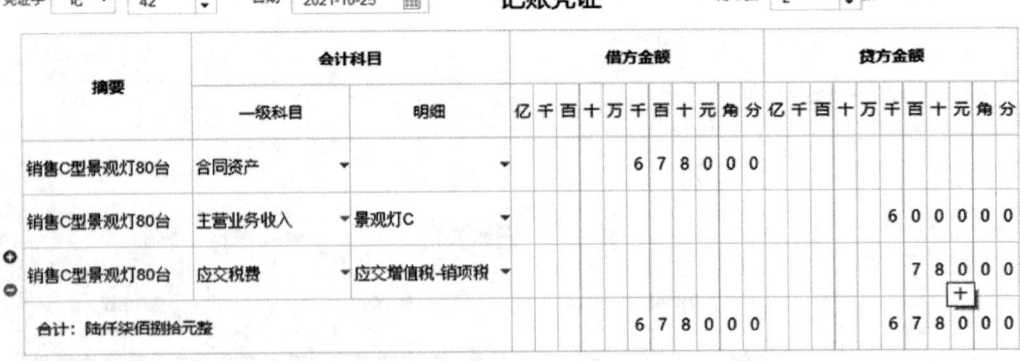

43.

记账凭证

凭证字: 记 43　　日期: 2021-10-25　　附单据: 3 张

摘要	会计科目		借方金额	贷方金额
	一级科目	明细	亿千百十万千百十元角分	亿千百十万千百十元角分
退回C景观灯80台	合同资产		-6 7 8 0 0 0	
退回C景观灯80台	主营业务收入	景观灯C		-6 0 0 0 0 0
退回C景观灯80台	应交税费	应交增值税-销项税		-7 8 0 0 0
合计：陆仟柒佰捌拾元整			-6 7 8 0 0 0	-6 7 8 0 0 0

44.

记账凭证

凭证字: 记 44　　日期: 2021-10-26　　附单据: 3 张

摘要	会计科目		借方金额	贷方金额
	一级科目	明细	亿千百十万千百十元角分	亿千百十万千百十元角分
计提福利费	管理费用	福利费	9 7 2 0 0	
计提福利费	销售费用	福利费	2 1 6 0 0	
计提福利费	生产成本	一车间-半成品A1	1 0 8 0 0	
计提福利费	生产成本	一车间-半成品B1	1 0 8 0 0	
计提福利费	生产成本	一车间-半成品C1	1 0 8 0 0	
计提福利费	生产成本	一车间-半成品D	1 0 8 0 0	
计提福利费	生产成本	二车间-节能灯A	1 0 8 0 0	
计提福利费	生产成本	二车间-节能灯B	1 0 8 0 0	
计提福利费	生产成本	二车间-景观灯C	1 0 8 0 0	
计提福利费	应付职工薪酬	福利费		1 9 4 4 0 0
支付礼盒费用	应付职工薪酬	福利费	1 9 4 4 0 0	
支付礼盒费用	库存现金			1 9 4 4 0 0
合计：叁仟捌佰捌拾捌元整			3 8 8 8 0 0	3 8 8 8 0 0

45.

46.

47.

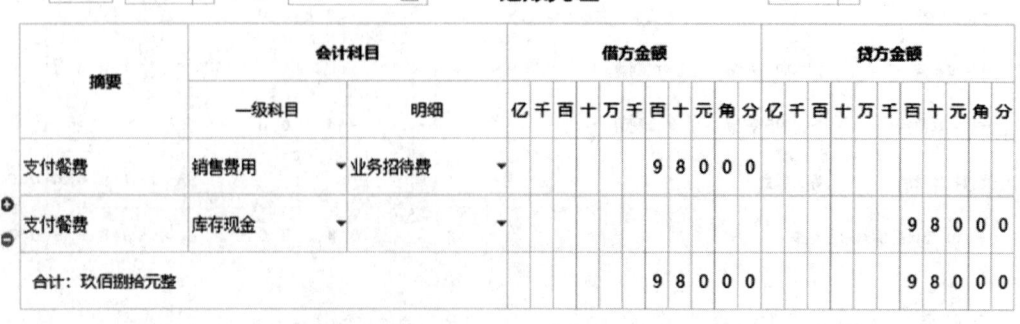

48.

摘要	会计科目		借方金额	贷方金额
	一级科目	明细	亿千百十万千百十元角分	亿千百十万千百十元角分
捐赠助学金	营业外支出		1 5 0 0 0 0 0	
捐赠助学金	银行存款	招商银行		1 5 0 0 0 0 0
合计：壹万伍仟元整			1 5 0 0 0 0 0	1 5 0 0 0 0 0

凭证字 记 48 日期 2021-10-28 附单据 2 张

49.

凭证字 记 49 日期 2021-10-28 附单据 3 张

摘要	会计科目		借方金额	贷方金额
	一级科目	明细	亿千百十万千百十元角分	亿千百十万千百十元角分
支付水费	管理费用	水电费	4 0 0 0 0	
支付水费	销售费用	水电费	2 0 0 0 0	
支付水费	制造费用	一车间	2 0 5 0 0 0	
支付水费	制造费用	二车间	1 6 9 0 0 0	
支付水费	应交税费	待认证进项税额	3 4 2 0 0 0	
支付水费	银行存款	招商银行		4 1 4 2 0 0 0
合计：肆万壹仟肆佰贰拾元整			4 1 4 2 0 0 0	4 1 4 2 0 0 0

50.

凭证字 记 50 日期 2021-10-28 附单据 3 张

摘要	会计科目		借方金额	贷方金额
	一级科目	明细	亿千百十万千百十元角分	亿千百十万千百十元角分
支付水电费	管理费用	水电费	1 6 0 0 0 0	
支付水电费	销售费用	水电费	5 8 0 0 0	
支付水电费	制造费用	一车间	1 5 1 3 6 8 0	
支付水电费	制造费用	二车间	1 2 6 8 3 2 0	
支付水电费	应交税费	待认证进项税额	3 9 0 0 0 0	
支付水电费	银行存款	招商银行		3 3 9 0 0 0 0
合计：叁万叁仟玖佰元整			3 3 9 0 0 0 0	3 3 9 0 0 0 0

51.

记账凭证　凭证字：记　51　日期：2021-11-01　附单据：1 张

摘要	会计科目		借方金额	贷方金额
	一级科目	明细	亿千百十万千百十元角分	亿千百十万千百十元角分
计提工资	管理费用	职工薪酬	7 4 6 0 0 0	
计提工资	销售费用	职工薪酬	9 5 5 7 0 0	
计提工资	生产成本	一车间-半成品A1	6 0 0 0 0 0	
计提工资	生产成本	一车间-半成品B1	5 5 0 0 0 0	
计提工资	生产成本	一车间-半成品C1	5 5 0 0 0 0	
计提工资	生产成本	一车间-半成品D	5 3 0 0 0 0	
计提工资	生产成本	二车间-节能灯A	4 5 0 0 0 0	
计提工资	生产成本	二车间-节能灯B	6 0 0 0 0 0	
计提工资	生产成本	二车间-景观灯C	6 0 0 0 0 0	
计提工资	应付职工薪酬	工资		1 2 2 9 5 7 0 0
合计：壹拾贰万贰仟玖佰伍拾柒元整			1 2 2 9 5 7 0 0	1 2 2 9 5 7 0 0

52.

记账凭证　凭证字：记　52　日期：2021-11-02　附单据：1 张

摘要	会计科目		借方金额	贷方金额
	一级科目	明细	亿千百十万千百十元角分	亿千百十万千百十元角分
计提摊销	其他业务成本		4 0 0 0 0 0	
计提摊销	累计摊销			4 0 0 0 0 0
合计：肆仟元整			4 0 0 0 0 0	4 0 0 0 0 0

53.

摘要	会计科目		借方金额	贷方金额
	一级科目	明细	亿千百十万千百十元角分	亿千百十万千百十元角分
支付电话费	管理费用	通讯费	4 2 0 0 0 0	
支付电话费	销售费用	通讯费	1 8 0 0 0 0	
支付电话费	应交税费	待认证进项税额	5 4 0 0 0	
支付电话费	银行存款	招商银行		6 5 4 0 0 0
合计：陆仟伍佰肆拾元整			6 5 4 0 0 0	6 5 4 0 0 0

凭证字 记 53 日期 2021-11-02 附单据 3 张

54.

凭证字 记 54 日期 2021-11-04 附单据 1 张

摘要	会计科目		借方金额	贷方金额
	一级科目	明细	亿千百十万千百十元角分	亿千百十万千百十元角分
计提折旧	管理费用	折旧费	4 5 6 1 5 8	
计提折旧	销售费用	折旧费	2 8 9 4 3 3	
计提折旧	制造费用	一车间	9 6 5 4 3 8	
计提折旧	制造费用	二车间	5 9 3 7 5 0	
计提折旧	累计折旧			2 3 0 4 7 7 9
合计：贰万叁仟零肆拾柒元柒角玖分			2 3 0 4 7 7 9	2 3 0 4 7 7 9

55.

凭证字 记 55 日期 2021-11-10 附单据 1 张

摘要	会计科目		借方金额	贷方金额
	一级科目	明细	亿千百十万千百十元角分	亿千百十万千百十元角分
计提坏账准备	信用减值损失		4 7 7 3	
计提坏账准备	坏账准备			4 7 7 3
合计：肆拾柒元柒角叁分			4 7 7 3	4 7 7 3

56.

57.

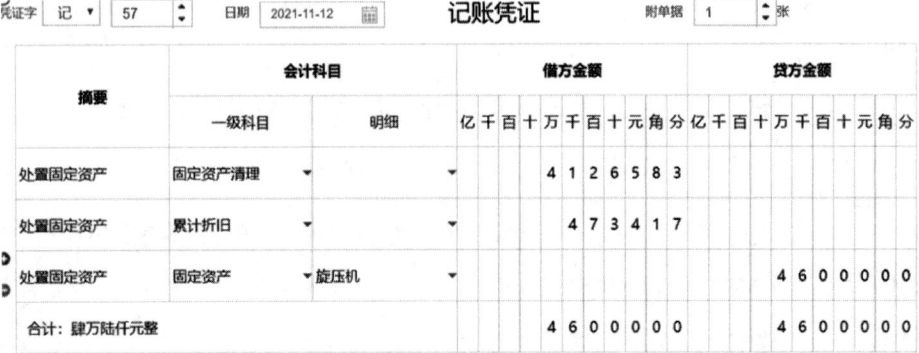

58.

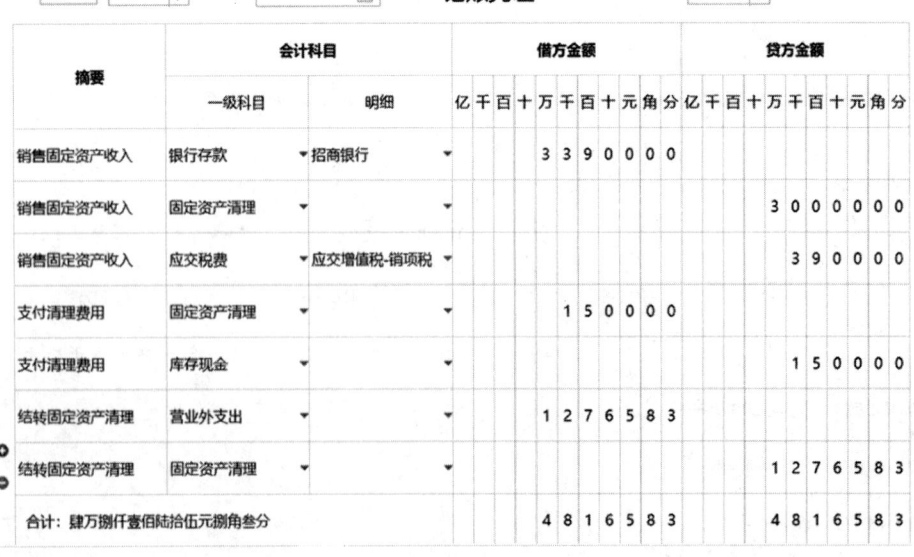

59.

60.

61.

62.

摘要	会计科目		借方金额	贷方金额
	一级科目	明细	亿千百十万千百十元角分	亿千百十万千百十元角分
计提附加税	税金及附加		2 8 4 3 6 4	
计提附加税	应交税费	应交城市维护建设税		1 6 5 8 7 9
计提附加税	应交税费	应交教育费附加		7 1 0 9 1
计提附加税	应交税费	应交地方教育费附加		4 7 3 9 4
合计：贰仟捌佰肆拾叁元陆角肆分			2 8 4 3 6 4	2 8 4 3 6 4

凭证字 记 62　日期 2021-11-20　记账凭证　附单据 1 张

63.

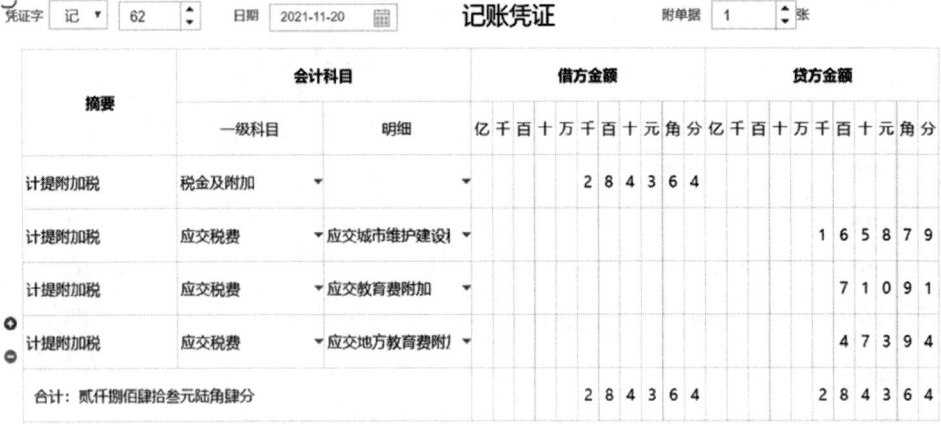

摘要	会计科目		借方金额	贷方金额
	一级科目	明细	亿千百十万千百十元角分	亿千百十万千百十元角分
结转一车间制造费用	生产成本	一车间-半成品A1-制	1 0 4 5 6 4 0	
结转一车间制造费用	生产成本	一车间-半成品B1-制	2 0 9 1 2 8 0	
结转一车间制造费用	生产成本	一车间-半成品C1-制	2 0 9 1 2 8 0	
结转一车间制造费用	生产成本	一车间-半成品D-制	3 1 3 6 9 1 8	
结转一车间制造费用	制造费用	一车间		8 3 6 5 1 1 8
合计：捌万叁仟陆佰伍拾壹元壹角捌分			8 3 6 5 1 1 8	8 3 6 5 1 1 8

凭证字 记 63　日期 2022-02-08　记账凭证　附单据 1 张

64.

摘要	会计科目		借方金额	贷方金额
	一级科目	明细	亿千百十万千百十元角分	亿千百十万千百十元角分
结转完工半成品	原材料	半成品A1	2 7 4 9 0 7 2	
结转完工半成品	生产成本	一车间-半成品A1-I		9 6 0 0 0 0
结转完工半成品	生产成本	一车间-半成品A1-I		7 4 3 4 3 2
结转完工半成品	生产成本	一车间-半成品A1-制		1 0 4 5 6 4 0
合计：贰万柒仟肆佰玖拾元柒角贰分			2 7 4 9 0 7 2	2 7 4 9 0 7 2

凭证字 记 64　日期 2022-02-08　记账凭证　附单据 1 张

记账凭证

凭证字: 记　64　日期: 2022-02-08　附单据: 1 张

摘要	会计科目 一级科目	会计科目 明细	借方金额	贷方金额
结转完工半成品	原材料	一车间-半成品B1	3304712	
结转完工半成品	生产成本	一车间-半成品B1-Ⅰ		520000
结转完工半成品	生产成本	一车间-半成品B1-Ⅱ		693432
结转完工半成品	生产成本	一车间-半成品B1-制		2091280
合计：叁万叁仟零肆拾柒元壹角贰分			3304712	3304712

记账凭证

凭证字: 记　64　日期: 2022-02-08　附单据: 1 张

摘要	会计科目 一级科目	会计科目 明细	借方金额	贷方金额
结转完工半成品	原材料	一车间-半成品C1	3664712	
结转完工半成品	生产成本	一车间-半成品C1-Ⅰ		880000
结转完工半成品	生产成本	一车间-半成品C1-Ⅱ		693432
结转完工半成品	生产成本	一车间-半成品C1-制		2091280
合计：叁万陆仟陆佰肆拾柒元壹角贰分			3664712	3664712

记账凭证

凭证字: 记　64　日期: 2022-02-08　附单据: 1 张

摘要	会计科目 一级科目	会计科目 明细	借方金额	贷方金额
结转完工半成品	原材料	一车间-半成品D	13660350	
结转完工半成品	生产成本	一车间-半成品D-直		9850000
结转完工半成品	生产成本	一车间-半成品D-直		673432
结转完工半成品	生产成本	一车间-半成品D-制		3136918
合计：壹拾叁万陆仟陆佰零叁元伍角			13660350	13660350

65.

摘要	会计科目		借方金额	贷方金额
	一级科目	明细	亿千百十万千百十元角分	亿千百十万千百十元角分
二车间领用半成品	生产成本	二车间-节能灯A-直	1 3 8 7 1 3 7 5	
二车间领用半成品	生产成本	二车间-节能灯B-直	1 3 6 3 5 4 5 4	
二车间领用半成品	生产成本	二车间-景观灯C-直	1 0 4 2 6 5 0 7	
二车间领用半成品	原材料	半成品A1		5 6 4 9 0 7 2
二车间领用半成品	原材料	半成品B1		7 0 5 7 6 1 1
二车间领用半成品	原材料	半成品C1		7 1 3 7 5 8 6
二车间领用半成品	原材料	半成品D		1 8 0 8 9 0 6 7
合计：叁拾柒万玖仟叁佰叁拾叁元叁角陆分			3 7 9 3 3 3 3 6	3 7 9 3 3 3 3 6

66.

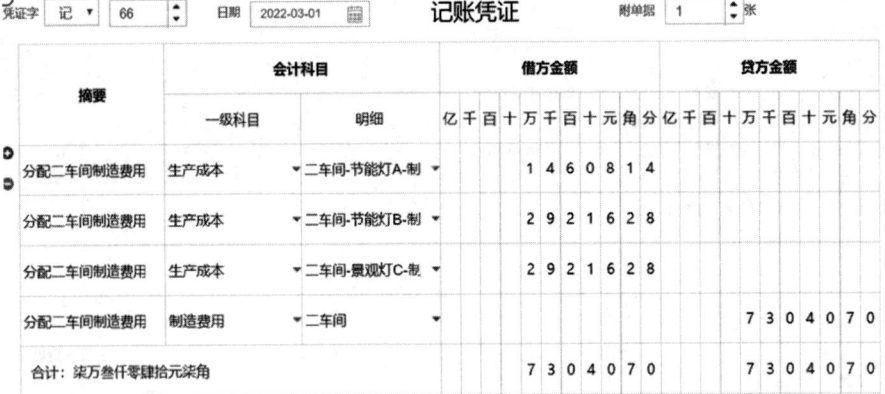

摘要	会计科目		借方金额	贷方金额
	一级科目	明细	亿千百十万千百十元角分	亿千百十万千百十元角分
分配二车间制造费用	生产成本	二车间-节能灯A-制	1 4 6 0 8 1 4	
分配二车间制造费用	生产成本	二车间-节能灯B-制	2 9 2 1 6 2 8	
分配二车间制造费用	生产成本	二车间-景观灯C-制	2 9 2 1 6 2 8	
分配二车间制造费用	制造费用	二车间		7 3 0 4 0 7 0
合计：柒万叁仟零肆拾元柒角			7 3 0 4 0 7 0	7 3 0 4 0 7 0

67.

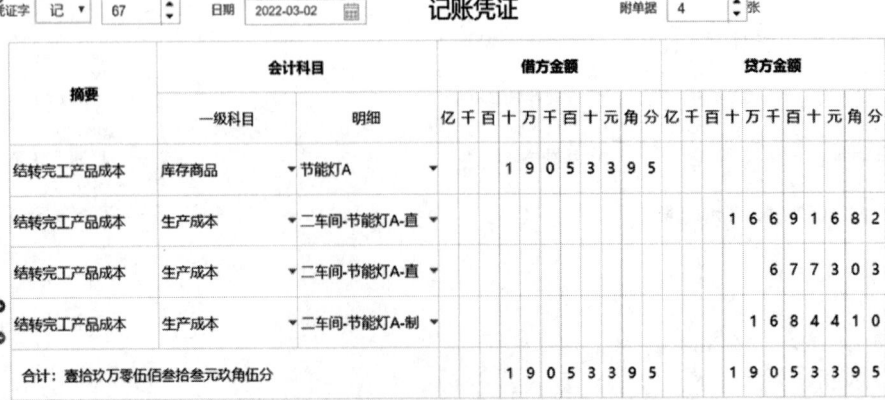

摘要	会计科目		借方金额	贷方金额
	一级科目	明细	亿千百十万千百十元角分	亿千百十万千百十元角分
结转完工产品成本	库存商品	节能灯A	1 9 0 5 3 3 9 5	
结转完工产品成本	生产成本	二车间-节能灯A-直		1 6 6 9 1 6 8 2
结转完工产品成本	生产成本	二车间-节能灯A-直		6 7 7 3 0 3
结转完工产品成本	生产成本	二车间-节能灯A-制		1 6 8 4 4 1 0
合计：壹拾玖万零伍佰叁拾叁元玖角伍分			1 9 0 5 3 3 9 5	1 9 0 5 3 3 9 5

附录 记账凭证参考答案

凭证字 记 67 日期 2022-03-02 记账凭证 附单据 4 张

摘要	会计科目		借方金额	贷方金额
	一级科目	明细	亿千百十万千百十元角分	亿千百十万千百十元角分
结转完工产品成本	库存商品	节能灯B	2 1 1 1 0 5 5 5	
结转完工产品成本	生产成本	二车间-节能灯B-直		1 6 9 2 5 2 0 1
结转完工产品成本	生产成本	二车间-节能灯B-直		8 9 5 9 6 0
结转完工产品成本	生产成本	二车间-节能灯B-制		3 2 8 9 3 9 4
合计：贰拾壹万壹仟壹佰零伍元伍角伍分			2 1 1 1 0 5 5 5	2 1 1 1 0 5 5 5

凭证字 记 67 日期 2022-03-02 记账凭证 附单据 4 张

摘要	会计科目		借方金额	贷方金额
	一级科目	明细	亿千百十万千百十元角分	亿千百十万千百十元角分
结转完工产品成本	库存商品	景观灯C	2 4 5 5 9 4 0 8	
结转完工产品成本	生产成本	二车间-景观灯C-直		1 8 2 4 6 3 8 7
结转完工产品成本	生产成本	二车间-景观灯C-直		1 1 6 8 0 4 2
结转完工产品成本	生产成本	二车间-景观灯C-制		5 1 4 4 9 7 9
合计：贰拾肆万伍仟伍佰玖拾肆元零捌分			2 4 5 5 9 4 0 8	2 4 5 5 9 4 0 8

68.

凭证字 记 68 日期 2022-03-09 记账凭证 附单据 4 张

摘要	会计科目		借方金额	贷方金额
	一级科目	明细	亿千百十万千百十元角分	亿千百十万千百十元角分
结转销售成本	主营业务成本	节能灯A	1 1 4 0 7 2 0 3	
结转销售成本	主营业务成本	节能灯B	1 7 8 3 1 1 9 4	
结转销售成本	主营业务成本	景观灯C	2 2 9 2 6 4 4 7	
结转销售成本	库存商品	节能灯A		1 1 4 0 7 2 0 3 0 0
结转销售成本	库存商品	节能灯B		1 7 8 3 1 1 9 4 0 0
结转销售成本	库存商品	景观灯C		2 2 9 2 6 4 4 7 0 0
合计：伍拾贰万壹仟陆佰肆拾捌元肆角肆分			5 2 1 6 4 8 4 4	5 2 1 6 4 8 4 4 0 0

69.

摘要	会计科目		借方金额	贷方金额
	一级科目	明细	亿千百十万千百十元角分	亿千百十万千百十元角分
结转本期损益	主营业务收入	节能灯A	18765000	
	主营业务收入	节能灯B	27018000	
	主营业务收入	景观灯C	37320000	
	其他业务收入		1415094	
	本年利润			84518094
	本年利润		74081046	
	主营业务成本	节能灯A		11407203
	主营业务成本	节能灯B		17831194
	主营业务成本	景观灯C		22926447
	其他业务成本			400000
	税金及附加			284364
	销售费用	职工薪酬		955700
	销售费用	社保		209114
	销售费用	公积金		56150
	销售费用	福利费		21600
	销售费用	通讯费		180000
	销售费用	水电费		78000
	销售费用	办公费		194491
	管理费用	折旧费		289433
	销售费用	包装物		175000
	销售费用	广告宣传费		3861725
	销售费用	业务招待费		98000
	管理费用	职工薪酬		7460000
	管理费用	社保		941013
	管理费用	公积金		252675
	管理费用	福利费		97200
	管理费用	折旧费		456158
	管理费用	差旅费		211023
	管理费用	通讯费		420000
	管理费用	水电费		200000
	管理费用	办公费		137500
	管理费用	租金		2000000
	管理费用	盘亏损失		33900
	财务费用	利息支出		100000
	财务费用	手续费		1800
	信用减值损失			4773
	营业外支出			2796583
合计：壹佰伍拾捌万伍仟玖佰玖拾壹元肆角			15859914 0	15859914 0

70.

71.

72.

73.

摘要	会计科目		借方金额	贷方金额
	一级科目	明细	亿 千 百 十 万 千 百 十 元 角 分	亿 千 百 十 万 千 百 十 元 角 分
提取法定盈余公积	利润分配	提取法定盈余公积	1 7 8 2 6 5 9 0	
提取法定盈余公积	盈余公积	法定盈余公积		1 7 8 2 6 5 9 0
合计：壹拾柒万捌仟贰佰陆拾伍元玖角			1 7 8 2 6 5 9 0	1 7 8 2 6 5 9 0

凭证字 记 73　日期 2022-03-23　记账凭证　附单据 0 张

74.

凭证字 记 74　日期 2022-03-22　记账凭证　附单据 1 张

摘要	会计科目		借方金额	贷方金额
	一级科目	明细	亿 千 百 十 万 千 百 十 元 角 分	亿 千 百 十 万 千 百 十 元 角 分
提取任意盈余公积	利润分配	提取任意盈余公积	8 9 1 3 2 9 5	
提取任意盈余公积	盈余公积	任意盈余公积		8 9 1 3 2 9 5
合计：捌万玖仟壹佰叁拾贰元玖角伍分			8 9 1 3 2 9 5	8 9 1 3 2 9 5

附录 空白记账凭证

记 账 凭 证
年 月 日　　　　　　　　　　　　　　　　____字____号

摘要	会计科目	明细科目	借方余额									贷方余额									√
			百	十	万	千	百	十	元	角	分	百	十	万	千	百	十	元	角	分	
合计		（附件　　张）																			

会计主管　　　　　　　记账　　　　　　　稽核　　　　　　　填制

记 账 凭 证
年 月 日　　　　　　　　　　　　　　　　____字____号

摘要	会计科目	明细科目	借方余额									贷方余额									√
			百	十	万	千	百	十	元	角	分	百	十	万	千	百	十	元	角	分	
合计		（附件　　张）																			

会计主管　　　　　　　记账　　　　　　　稽核　　　　　　　填制

附录 空白记账凭证

记 账 凭 证
年　月　日　　　　　　　　　　　　　　　　　　　_____字_____号

摘要	会计科目	明细科目	借方余额									贷方余额									√
			百	十	万	千	百	十	元	角	分	百	十	万	千	百	十	元	角	分	
合计		（附件　　张）																			

会计主管　　　　　　　　记账　　　　　　　　稽核　　　　　　　　填制

记 账 凭 证
年　月　日　　　　　　　　　　　　　　　　　　　_____字_____号

摘要	会计科目	明细科目	借方余额									贷方余额									√
			百	十	万	千	百	十	元	角	分	百	十	万	千	百	十	元	角	分	
合计		（附件　　张）																			

会计主管　　　　　　　　记账　　　　　　　　稽核　　　　　　　　填制

附录 空白记账凭证

记 账 凭 证
年 月 日 　　　　　　　　　　　　　　　　　____字____号

摘要	会计科目	明细科目	借方余额										贷方余额										√
			百	十	万	千	百	十	元	角	分	百	十	万	千	百	十	元	角	分	
合计		(附件　　张)																			

会计主管　　　　　　　　　记账　　　　　　　　稽核　　　　　　　　填制

记 账 凭 证
年 月 日 　　　　　　　　　　　　　　　　　____字____号

摘要	会计科目	明细科目	借方余额										贷方余额										√
			百	十	万	千	百	十	元	角	分	百	十	万	千	百	十	元	角	分	
合计		(附件　　张)																			

会计主管　　　　　　　　　记账　　　　　　　　稽核　　　　　　　　填制

附录 空白记账凭证

记 账 凭 证

年　月　日　　　　　　　　　　　　　　　　　　　____字____号

摘要	会计科目	明细科目	借方余额									贷方余额									√
			百	十	万	千	百	十	元	角	分	百	十	万	千	百	十	元	角	分	
合计		（附件　张）																			

会计主管　　　　　　　　记账　　　　　　　　稽核　　　　　　　　填制

记 账 凭 证

年　月　日　　　　　　　　　　　　　　　　　　　____字____号

摘要	会计科目	明细科目	借方余额									贷方余额									√
			百	十	万	千	百	十	元	角	分	百	十	万	千	百	十	元	角	分	
合计		（附件　张）																			

会计主管　　　　　　　　记账　　　　　　　　稽核　　　　　　　　填制

记 账 凭 证

年　月　日　　　　　　　　　　　　　　　　　　　　　　＿＿字＿＿号

摘要	会计科目	明细科目	借方余额									贷方余额									√
			百	十	万	千	百	十	元	角	分	百	十	万	千	百	十	元	角	分	
合计		(附件　张)																				

会计主管　　　　　　　记账　　　　　　　稽核　　　　　　　填制

记 账 凭 证

年　月　日　　　　　　　　　　　　　　　　　　　　　　＿＿字＿＿号

摘要	会计科目	明细科目	借方余额									贷方余额									√
			百	十	万	千	百	十	元	角	分	百	十	万	千	百	十	元	角	分	
合计		(附件　张)																				

会计主管　　　　　　　记账　　　　　　　稽核　　　　　　　填制

附录　空白记账凭证

记 账 凭 证

年　月　日　　　　　　　　　　　　　　　　　＿＿＿字＿＿＿号

摘要	会计科目	明细科目	借方余额										贷方余额										√
			百	十	万	千	百	十	元	角	分	百	十	万	千	百	十	元	角	分	
合计		（附件　　张）																			

会计主管　　　　　　　　记账　　　　　　　稽核　　　　　　　填制

记 账 凭 证

年　月　日　　　　　　　　　　　　　　　　　＿＿＿字＿＿＿号

摘要	会计科目	明细科目	借方余额										贷方余额										√
			百	十	万	千	百	十	元	角	分	百	十	万	千	百	十	元	角	分	
合计		（附件　　张）																			

会计主管　　　　　　　　记账　　　　　　　稽核　　　　　　　填制

附录 空白记账凭证

记 账 凭 证

年　月　日　　　　　　　　　　　　　　　　　____字____号

摘要	会计科目	明细科目	借方余额										贷方余额										√
			百	十	万	千	百	十	元	角	分	百	十	万	千	百	十	元	角	分	
合计		(附件　　张)																				

会计主管　　　　　　　记账　　　　　　　稽核　　　　　　　填制

记 账 凭 证

年　月　日　　　　　　　　　　　　　　　　　____字____号

摘要	会计科目	明细科目	借方余额										贷方余额										√
			百	十	万	千	百	十	元	角	分	百	十	万	千	百	十	元	角	分	
合计		(附件　　张)																				

会计主管　　　　　　　记账　　　　　　　稽核　　　　　　　填制

附录 空白记账凭证

记 账 凭 证
年 月 日 　　　　　　　　　　　　　　　　　　____字____号

摘要	会计科目	明细科目	借方余额									贷方余额									√
			百	十	万	千	百	十	元	角	分	百	十	万	千	百	十	元	角	分	
合计		(附件　　张)																			

会计主管　　　　　　　记账　　　　　　　稽核　　　　　　　填制

记 账 凭 证
年 月 日 　　　　　　　　　　　　　　　　　　____字____号

摘要	会计科目	明细科目	借方余额									贷方余额									√
			百	十	万	千	百	十	元	角	分	百	十	万	千	百	十	元	角	分	
合计		(附件　　张)																			

会计主管　　　　　　　记账　　　　　　　稽核　　　　　　　填制

附录 空白记账凭证

记 账 凭 证

年　月　日　　　　　　　　　　　　　　　　　　　　_____字_____号

摘要	会计科目	明细科目	借方余额									贷方余额									√
			百	十	万	千	百	十	元	角	分	百	十	万	千	百	十	元	角	分	
合计		（附件　　张）																			

会计主管　　　　　　　　记账　　　　　　　　稽核　　　　　　　　填制

记 账 凭 证

年　月　日　　　　　　　　　　　　　　　　　　　　_____字_____号

摘要	会计科目	明细科目	借方余额									贷方余额									√
			百	十	万	千	百	十	元	角	分	百	十	万	千	百	十	元	角	分	
合计		（附件　　张）																			

会计主管　　　　　　　　记账　　　　　　　　稽核　　　　　　　　填制

附录 空白记账凭证

记 账 凭 证
年　月　日　　　　　　　　　　　　　　　　　　　　＿＿＿＿字＿＿＿＿号

摘要	会计科目	明细科目	借方余额									贷方余额									√
			百	十	万	千	百	十	元	角	分	百	十	万	千	百	十	元	角	分	
合计		（附件　　张）																			

会计主管　　　　　　　　记账　　　　　　　　稽核　　　　　　　　填制

记 账 凭 证
年　月　日　　　　　　　　　　　　　　　　　　　　＿＿＿＿字＿＿＿＿号

摘要	会计科目	明细科目	借方余额									贷方余额									√
			百	十	万	千	百	十	元	角	分	百	十	万	千	百	十	元	角	分	
合计		（附件　　张）																			

会计主管　　　　　　　　记账　　　　　　　　稽核　　　　　　　　填制

附录　空白记账凭证

记　账　凭　证
年　月　日　　　　　　　　　　　　　　　____字____号

摘要	会计科目	明细科目	借方余额										贷方余额										√
			百	十	万	千	百	十	元	角	分	百	十	万	千	百	十	元	角	分	
合计		（附件　　张）																			

会计主管　　　　　　　　记账　　　　　　　　稽核　　　　　　　　填制

记　账　凭　证
年　月　日　　　　　　　　　　　　　　　____字____号

摘要	会计科目	明细科目	借方余额										贷方余额										√
			百	十	万	千	百	十	元	角	分	百	十	万	千	百	十	元	角	分	
合计		（附件　　张）																			

会计主管　　　　　　　　记账　　　　　　　　稽核　　　　　　　　填制

附录 空白记账凭证

记 账 凭 证

年　月　日　　　　　　　　　　　　　　　　＿＿＿字＿＿＿号

摘要	会计科目	明细科目	借方余额									贷方余额									√
			百	十	万	千	百	十	元	角	分	百	十	万	千	百	十	元	角	分	
合计		（附件　　张）																			

会计主管　　　　　　　　记账　　　　　　　稽核　　　　　　　填制

记 账 凭 证

年　月　日　　　　　　　　　　　　　　　　＿＿＿字＿＿＿号

摘要	会计科目	明细科目	借方余额									贷方余额									√
			百	十	万	千	百	十	元	角	分	百	十	万	千	百	十	元	角	分	
合计		（附件　　张）																			

会计主管　　　　　　　　记账　　　　　　　稽核　　　　　　　填制

附录 空白记账凭证

记 账 凭 证
年　月　日　　　　　　　　　　　　　　　＿＿＿＿字＿＿＿＿号

摘要	会计科目	明细科目	借方余额									贷方余额									√
			百	十	万	千	百	十	元	角	分	百	十	万	千	百	十	元	角	分	
合计		（附件　　张）																			

会计主管　　　　　　　　记账　　　　　　　　稽核　　　　　　　　填制

记 账 凭 证
年　月　日　　　　　　　　　　　　　　　＿＿＿＿字＿＿＿＿号

摘要	会计科目	明细科目	借方余额									贷方余额									√
			百	十	万	千	百	十	元	角	分	百	十	万	千	百	十	元	角	分	
合计		（附件　　张）																			

会计主管　　　　　　　　记账　　　　　　　　稽核　　　　　　　　填制

附录 空白记账凭证

记 账 凭 证

年　月　日　　　　　　　　　　　　　　　　　　　_____字_____号

摘要	会计科目	明细科目	借方余额									贷方余额									√
			百	十	万	千	百	十	元	角	分	百	十	万	千	百	十	元	角	分	
合计		（附件　　张）																			

会计主管　　　　　　　　记账　　　　　　　　稽核　　　　　　　　填制

记 账 凭 证

年　月　日　　　　　　　　　　　　　　　　　　　_____字_____号

摘要	会计科目	明细科目	借方余额									贷方余额									√
			百	十	万	千	百	十	元	角	分	百	十	万	千	百	十	元	角	分	
合计		（附件　　张）																			

会计主管　　　　　　　　记账　　　　　　　　稽核　　　　　　　　填制

附录　空白记账凭证

记 账 凭 证

年　月　日　　　　　　　　　　　　　　　　　　　　　　____字____号

摘要	会计科目	明细科目	借方余额									贷方余额									√
			百	十	万	千	百	十	元	角	分	百	十	万	千	百	十	元	角	分	
合计		（附件　　张）																			

会计主管　　　　　　　　记账　　　　　　　　稽核　　　　　　　　填制

记 账 凭 证

年　月　日　　　　　　　　　　　　　　　　　　　　　　____字____号

摘要	会计科目	明细科目	借方余额									贷方余额									√
			百	十	万	千	百	十	元	角	分	百	十	万	千	百	十	元	角	分	
合计		（附件　　张）																			

会计主管　　　　　　　　记账　　　　　　　　稽核　　　　　　　　填制

附录　空白记账凭证

记 账 凭 证

年　月　日　　　　　　　　　　　　　　　　　　＿＿＿字＿＿＿号

摘要	会计科目	明细科目	借方余额									贷方余额									√
			百	十	万	千	百	十	元	角	分	百	十	万	千	百	十	元	角	分	
合计		（附件　　张）																			

会计主管　　　　　　　记账　　　　　　　稽核　　　　　　　填制

记 账 凭 证

年　月　日　　　　　　　　　　　　　　　　　　＿＿＿字＿＿＿号

摘要	会计科目	明细科目	借方余额									贷方余额									√
			百	十	万	千	百	十	元	角	分	百	十	万	千	百	十	元	角	分	
合计		（附件　　张）																			

会计主管　　　　　　　记账　　　　　　　稽核　　　　　　　填制

附录　空白记账凭证

记 账 凭 证
年　月　日　　　　　　　　　　　　　　　　　　　　　　_____字_____号

摘要	会计科目	明细科目	借方余额									贷方余额									√
			百	十	万	千	百	十	元	角	分	百	十	万	千	百	十	元	角	分	
合计		（附件　　张）																			

会计主管　　　　　　　　记账　　　　　　　　稽核　　　　　　　　填制

记 账 凭 证
年　月　日　　　　　　　　　　　　　　　　　　　　　　_____字_____号

摘要	会计科目	明细科目	借方余额									贷方余额									√
			百	十	万	千	百	十	元	角	分	百	十	万	千	百	十	元	角	分	
合计		（附件　　张）																			

会计主管　　　　　　　　记账　　　　　　　　稽核　　　　　　　　填制

记 账 凭 证

年 月 日 　　　　　　　　　　　　　　　　　____字____号

摘要	会计科目	明细科目	借方余额									贷方余额									√
			百	十	万	千	百	十	元	角	分	百	十	万	千	百	十	元	角	分	
合计		(附件　　张)																			

会计主管　　　　　　　记账　　　　　　　稽核　　　　　　　填制

记 账 凭 证

年 月 日 　　　　　　　　　　　　　　　　　____字____号

摘要	会计科目	明细科目	借方余额									贷方余额									√
			百	十	万	千	百	十	元	角	分	百	十	万	千	百	十	元	角	分	
合计		(附件　　张)																			

会计主管　　　　　　　记账　　　　　　　稽核　　　　　　　填制

附录 空白记账凭证

记 账 凭 证
年 月 日 　　　字　　　号

摘要	会计科目	明细科目	借方余额									贷方余额									√
			百	十	万	千	百	十	元	角	分	百	十	万	千	百	十	元	角	分	
合计		（附件　张）																			

会计主管　　　　　　　　记账　　　　　　　　稽核　　　　　　　　填制

记 账 凭 证
年 月 日 　　　字　　　号

摘要	会计科目	明细科目	借方余额									贷方余额									√
			百	十	万	千	百	十	元	角	分	百	十	万	千	百	十	元	角	分	
合计		（附件　张）																			

会计主管　　　　　　　　记账　　　　　　　　稽核　　　　　　　　填制

附录　空白记账凭证

记 账 凭 证

年　月　日　　　　　　　　　　　　　　　　　　　　　　　　____字____号

摘要	会计科目	明细科目	借方余额									贷方余额									√
			百	十	万	千	百	十	元	角	分	百	十	万	千	百	十	元	角	分	
合计		（附件　　张）																			

会计主管　　　　　　　　记账　　　　　　　　稽核　　　　　　　　填制

记 账 凭 证

年　月　日　　　　　　　　　　　　　　　　　　　　　　　　____字____号

摘要	会计科目	明细科目	借方余额									贷方余额									√
			百	十	万	千	百	十	元	角	分	百	十	万	千	百	十	元	角	分	
合计		（附件　　张）																			

会计主管　　　　　　　　记账　　　　　　　　稽核　　　　　　　　填制

附录 空白记账凭证

记账凭证

年　月　日　　　　　　　　　　　　　　　　　　　____字____号

摘要	会计科目	明细科目	借方余额									贷方余额									√
			百	十	万	千	百	十	元	角	分	百	十	万	千	百	十	元	角	分	
合计		（附件　　张）																			

会计主管　　　　　　　　记账　　　　　　　　稽核　　　　　　　　填制

记账凭证

年　月　日　　　　　　　　　　　　　　　　　　　____字____号

摘要	会计科目	明细科目	借方余额									贷方余额									√
			百	十	万	千	百	十	元	角	分	百	十	万	千	百	十	元	角	分	
合计		（附件　　张）																			

会计主管　　　　　　　　记账　　　　　　　　稽核　　　　　　　　填制

附录　空白记账凭证

记 账 凭 证

年　月　日　　　　　　　　　　　　　　　＿＿字＿＿号

摘要	会计科目	明细科目	借方余额									贷方余额									√
			百	十	万	千	百	十	元	角	分	百	十	万	千	百	十	元	角	分	
合计		（附件　　张）																			

会计主管　　　　　　　　记账　　　　　　　　稽核　　　　　　　　填制

记 账 凭 证

年　月　日　　　　　　　　　　　　　　　＿＿字＿＿号

摘要	会计科目	明细科目	借方余额									贷方余额									√
			百	十	万	千	百	十	元	角	分	百	十	万	千	百	十	元	角	分	
合计		（附件　　张）																			

会计主管　　　　　　　　记账　　　　　　　　稽核　　　　　　　　填制

附录　空白记账凭证

记 账 凭 证
年　月　日　　　　　　　　　　　　　　　　　＿＿＿＿字＿＿＿＿号

摘要	会计科目	明细科目	借方余额									贷方余额									√
			百	十	万	千	百	十	元	角	分	百	十	万	千	百	十	元	角	分	
合计		（附件　　张）																			

会计主管　　　　　　　　记账　　　　　　　　稽核　　　　　　　　填制

记 账 凭 证
年　月　日　　　　　　　　　　　　　　　　　＿＿＿＿字＿＿＿＿号

摘要	会计科目	明细科目	借方余额									贷方余额									√
			百	十	万	千	百	十	元	角	分	百	十	万	千	百	十	元	角	分	
合计		（附件　　张）																			

会计主管　　　　　　　　记账　　　　　　　　稽核　　　　　　　　填制

附录 空白记账凭证

记 账 凭 证

年　月　日　　　　　　　　　　　　　　　　　＿＿＿字＿＿＿号

摘要	会计科目	明细科目	借方余额									贷方余额									√
			百	十	万	千	百	十	元	角	分	百	十	万	千	百	十	元	角	分	
合计		（附件　　张）																			

会计主管　　　　　　　　记账　　　　　　　稽核　　　　　　　填制

记 账 凭 证

年　月　日　　　　　　　　　　　　　　　　　＿＿＿字＿＿＿号

摘要	会计科目	明细科目	借方余额									贷方余额									√
			百	十	万	千	百	十	元	角	分	百	十	万	千	百	十	元	角	分	
合计		（附件　　张）																			

会计主管　　　　　　　　记账　　　　　　　稽核　　　　　　　填制

附录　空白记账凭证

记 账 凭 证
年　月　日　　　　　　　　　　　　　　　　　　　　　＿＿＿字＿＿＿号

摘要	会计科目	明细科目	借方余额										贷方余额										√
			百	十	万	千	百	十	元	角	分	百	十	万	千	百	十	元	角	分	
合计		（附件　　张）																			

会计主管　　　　　　　　记账　　　　　　　稽核　　　　　　　　填制

记 账 凭 证
年　月　日　　　　　　　　　　　　　　　　　　　　　＿＿＿字＿＿＿号

摘要	会计科目	明细科目	借方余额										贷方余额										√
			百	十	万	千	百	十	元	角	分	百	十	万	千	百	十	元	角	分	
合计		（附件　　张）																			

会计主管　　　　　　　　记账　　　　　　　稽核　　　　　　　　填制

附录　空白记账凭证

记 账 凭 证

年　月　日　　　　　　　　　　　　　　　　_____字_____号

摘要	会计科目	明细科目	借方余额									贷方余额									√
			百	十	万	千	百	十	元	角	分	百	十	万	千	百	十	元	角	分	
合计		（附件　　张）																			

会计主管　　　　　　　记账　　　　　　　稽核　　　　　　　填制

记 账 凭 证

年　月　日　　　　　　　　　　　　　　　　_____字_____号

摘要	会计科目	明细科目	借方余额									贷方余额									√
			百	十	万	千	百	十	元	角	分	百	十	万	千	百	十	元	角	分	
合计		（附件　　张）																			

会计主管　　　　　　　记账　　　　　　　稽核　　　　　　　填制

附录　空白记账凭证

记 账 凭 证

年　月　日　　　　　　　　　　　　　　　　　　　　　　＿＿＿字＿＿＿号

摘要	会计科目	明细科目	借方余额									贷方余额									√
			百	十	万	千	百	十	元	角	分	百	十	万	千	百	十	元	角	分	
合计		（附件　　张）																			

会计主管　　　　　　　　记账　　　　　　　稽核　　　　　　　填制

记 账 凭 证

年　月　日　　　　　　　　　　　　　　　　　　　　　　＿＿＿字＿＿＿号

摘要	会计科目	明细科目	借方余额									贷方余额									√
			百	十	万	千	百	十	元	角	分	百	十	万	千	百	十	元	角	分	
合计		（附件　　张）																			

会计主管　　　　　　　　记账　　　　　　　稽核　　　　　　　填制

附录　空白记账凭证

记 账 凭 证
年　月　日　　　　　　　　　　　　　　　＿＿＿字＿＿＿号

摘要	会计科目	明细科目	借方余额 百十万千百十元角分	贷方余额 百十万千百十元角分	√
合计		（附件　张）			

会计主管　　　　　　　记账　　　　　　　稽核　　　　　　　填制

记 账 凭 证
年　月　日　　　　　　　　　　　　　　　＿＿＿字＿＿＿号

摘要	会计科目	明细科目	借方余额 百十万千百十元角分	贷方余额 百十万千百十元角分	√
合计		（附件　张）			

会计主管　　　　　　　记账　　　　　　　稽核　　　　　　　填制

记 账 凭 证

年 月 日 　　　　　　　　　　　　　　　　　_____字_____号

摘要	会计科目	明细科目	借方余额									贷方余额									√
			百	十	万	千	百	十	元	角	分	百	十	万	千	百	十	元	角	分	
合计		（附件　　张）																			

会计主管　　　　　　记账　　　　　　稽核　　　　　　填制

记 账 凭 证

年 月 日 　　　　　　　　　　　　　　　　　_____字_____号

摘要	会计科目	明细科目	借方余额									贷方余额									√
			百	十	万	千	百	十	元	角	分	百	十	万	千	百	十	元	角	分	
合计		（附件　　张）																			

会计主管　　　　　　记账　　　　　　稽核　　　　　　填制

附录 空白记账凭证

记账凭证

年　月　日　　　　　　　　　　　　　　　　　　　　　　　　　____字____号

摘要	会计科目	明细科目	借方余额										贷方余额										√
			百	十	万	千	百	十	元	角	分	百	十	万	千	百	十	元	角	分	
合计		（附件　　张）																			

会计主管　　　　　　　　记账　　　　　　　　稽核　　　　　　　　填制

记账凭证

年　月　日　　　　　　　　　　　　　　　　　　　　　　　　　____字____号

摘要	会计科目	明细科目	借方余额										贷方余额										√
			百	十	万	千	百	十	元	角	分	百	十	万	千	百	十	元	角	分	
合计		（附件　　张）																			

会计主管　　　　　　　　记账　　　　　　　　稽核　　　　　　　　填制

附录　空白记账凭证

记　账　凭　证
年　月　日　　　　　　　　　　　　　　　　　　　　　　＿＿＿字＿＿＿号

摘要	会计科目	明细科目	借方余额											贷方余额											√
			百	十	万	千	百	十	元	角	分	百	十	万	千	百	十	元	角	分	
合计		（附件　　张）																			

会计主管　　　　　　　记账　　　　　　　稽核　　　　　　　填制

记　账　凭　证
年　月　日　　　　　　　　　　　　　　　　　　　　　　＿＿＿字＿＿＿号

摘要	会计科目	明细科目	借方余额											贷方余额											√
			百	十	万	千	百	十	元	角	分	百	十	万	千	百	十	元	角	分	
合计		（附件　　张）																			

会计主管　　　　　　　记账　　　　　　　稽核　　　　　　　填制

记 账 凭 证

年　月　日　　　　　　　　　　　　　　　　_____字_____号

摘要	会计科目	明细科目	借方余额									贷方余额									√
			百	十	万	千	百	十	元	角	分	百	十	万	千	百	十	元	角	分	
合计		(附件　　张)																			

会计主管　　　　　　　记账　　　　　　　稽核　　　　　　　填制

记 账 凭 证

年　月　日　　　　　　　　　　　　　　　　_____字_____号

摘要	会计科目	明细科目	借方余额									贷方余额									√
			百	十	万	千	百	十	元	角	分	百	十	万	千	百	十	元	角	分	
合计		(附件　　张)																			

会计主管　　　　　　　记账　　　　　　　稽核　　　　　　　填制

附录 空白记账凭证

记 账 凭 证

年　月　日　　　　　　　　　　　　　　　　　　　_____字_____号

摘要	会计科目	明细科目	借方余额										贷方余额										√
			百	十	万	千	百	十	元	角	分	百	十	万	千	百	十	元	角	分	
合计		(附件　　张)																			

会计主管　　　　　　　　记账　　　　　　　稽核　　　　　　　　填制

记 账 凭 证

年　月　日　　　　　　　　　　　　　　　　　　　_____字_____号

摘要	会计科目	明细科目	借方余额										贷方余额										√
			百	十	万	千	百	十	元	角	分	百	十	万	千	百	十	元	角	分	
合计		(附件　　张)																			

会计主管　　　　　　　　记账　　　　　　　稽核　　　　　　　　填制

记 账 凭 证

年 月 日 　　　　字　　　号

摘要	会计科目	明细科目	借方余额									贷方余额									√
			百	十	万	千	百	十	元	角	分	百	十	万	千	百	十	元	角	分	
合计		(附件　　张)																			

会计主管　　　　　　　记账　　　　　　　稽核　　　　　　　填制

记 账 凭 证

年 月 日 　　　　字　　　号

摘要	会计科目	明细科目	借方余额									贷方余额									√
			百	十	万	千	百	十	元	角	分	百	十	万	千	百	十	元	角	分	
合计		(附件　　张)																			

会计主管　　　　　　　记账　　　　　　　稽核　　　　　　　填制

附录 空白记账凭证

记 账 凭 证
年　月　日　　　　　　　　　　　　　　　　　　　＿＿＿字＿＿＿号

摘要	会计科目	明细科目	借方余额										贷方余额										√
			百	十	万	千	百	十	元	角	分	百	十	万	千	百	十	元	角	分	
合计		（附件　　张）																				

会计主管　　　　　　记账　　　　　　稽核　　　　　　填制

记 账 凭 证
年　月　日　　　　　　　　　　　　　　　　　　　＿＿＿字＿＿＿号

摘要	会计科目	明细科目	借方余额										贷方余额										√
			百	十	万	千	百	十	元	角	分	百	十	万	千	百	十	元	角	分	
合计		（附件　　张）																				

会计主管　　　　　　记账　　　　　　稽核　　　　　　填制

附录　空白记账凭证

记 账 凭 证
年　月　日　　　　　　　　　　　　　　　　　　＿＿＿字＿＿＿号

摘要	会计科目	明细科目	借方余额									贷方余额									√
			百	十	万	千	百	十	元	角	分	百	十	万	千	百	十	元	角	分	
合计		（附件　　张）																			

会计主管　　　　　　　　　记账　　　　　　　　稽核　　　　　　　　填制

记 账 凭 证
年　月　日　　　　　　　　　　　　　　　　　　＿＿＿字＿＿＿号

摘要	会计科目	明细科目	借方余额									贷方余额									√
			百	十	万	千	百	十	元	角	分	百	十	万	千	百	十	元	角	分	
合计		（附件　　张）																			

会计主管　　　　　　　　　记账　　　　　　　　稽核　　　　　　　　填制

附录　空白记账凭证

记 账 凭 证

年　月　日　　　　　　　　　　　____字____号

摘要	会计科目	明细科目	借方余额									贷方余额									√
			百	十	万	千	百	十	元	角	分	百	十	万	千	百	十	元	角	分	
合计		（附件　　张）																			

会计主管　　　　　　　　记账　　　　　　　稽核　　　　　　　填制

记 账 凭 证

年　月　日　　　　　　　　　　　____字____号

摘要	会计科目	明细科目	借方余额									贷方余额									√
			百	十	万	千	百	十	元	角	分	百	十	万	千	百	十	元	角	分	
合计		（附件　　张）																			

会计主管　　　　　　　　记账　　　　　　　稽核　　　　　　　填制

记 账 凭 证

年 月 日　　　　　　　　　　　　　　　＿＿＿字＿＿＿号

摘要	会计科目	明细科目	借方余额									贷方余额									√
			百	十	万	千	百	十	元	角	分	百	十	万	千	百	十	元	角	分	
合计		（附件　　张）																			

会计主管　　　　　　　记账　　　　　　　稽核　　　　　　　填制

记 账 凭 证

年 月 日　　　　　　　　　　　　　　　＿＿＿字＿＿＿号

摘要	会计科目	明细科目	借方余额									贷方余额									√
			百	十	万	千	百	十	元	角	分	百	十	万	千	百	十	元	角	分	
合计		（附件　　张）																			

会计主管　　　　　　　记账　　　　　　　稽核　　　　　　　填制

附录　空白记账凭证

记 账 凭 证
年　月　日　　　　　　　　　　　　　　　　　　　＿＿＿字＿＿＿号

摘要	会计科目	明细科目	借方余额									贷方余额									√
			百	十	万	千	百	十	元	角	分	百	十	万	千	百	十	元	角	分	
合计		(附件　　张)																			

会计主管　　　　　　　　记账　　　　　　　稽核　　　　　　　填制

记 账 凭 证
年　月　日　　　　　　　　　　　　　　　　　　　＿＿＿字＿＿＿号

摘要	会计科目	明细科目	借方余额									贷方余额									√
			百	十	万	千	百	十	元	角	分	百	十	万	千	百	十	元	角	分	
合计		(附件　　张)																			

会计主管　　　　　　　　记账　　　　　　　稽核　　　　　　　填制

附录　空白记账凭证

记　账　凭　证

　　年　月　日　　　　　　　　　　　　　　　　　　＿＿＿字＿＿＿号

摘要	会计科目	明细科目	借方余额									贷方余额									√
			百	十	万	千	百	十	元	角	分	百	十	万	千	百	十	元	角	分	
合计		（附件　　张）																			

会计主管　　　　　　　　记账　　　　　　　稽核　　　　　　　　填制

记　账　凭　证

　　年　月　日　　　　　　　　　　　　　　　　　　＿＿＿字＿＿＿号

摘要	会计科目	明细科目	借方余额									贷方余额									√
			百	十	万	千	百	十	元	角	分	百	十	万	千	百	十	元	角	分	
合计		（附件　　张）																			

会计主管　　　　　　　　记账　　　　　　　稽核　　　　　　　　填制

附录　空白记账凭证

记　账　凭　证

年　月　日　　　　　　　　　　　　　＿＿＿＿字＿＿＿＿号

摘要	会计科目	明细科目	借方余额									贷方余额									√
			百	十	万	千	百	十	元	角	分	百	十	万	千	百	十	元	角	分	
合计		（附件　　张）																			

会计主管　　　　　　　记账　　　　　　　稽核　　　　　　　填制

记　账　凭　证

年　月　日　　　　　　　　　　　　　＿＿＿＿字＿＿＿＿号

摘要	会计科目	明细科目	借方余额									贷方余额									√
			百	十	万	千	百	十	元	角	分	百	十	万	千	百	十	元	角	分	
合计		（附件　　张）																			

会计主管　　　　　　　记账　　　　　　　稽核　　　　　　　填制

附录 空白记账凭证

记 账 凭 证

年　月　日　　　　　　　　　　　　　　　　_____字_____号

摘要	会计科目	明细科目	借方余额									贷方余额									√
			百	十	万	千	百	十	元	角	分	百	十	万	千	百	十	元	角	分	
合计		（附件　　张）																			

会计主管　　　　　　　记账　　　　　　　稽核　　　　　　　填制

记 账 凭 证

年　月　日　　　　　　　　　　　　　　　　_____字_____号

摘要	会计科目	明细科目	借方余额									贷方余额									√
			百	十	万	千	百	十	元	角	分	百	十	万	千	百	十	元	角	分	
合计		（附件　　张）																			

会计主管　　　　　　　记账　　　　　　　稽核　　　　　　　填制

附录　空白记账凭证

记　账　凭　证

年　月　日　　　　　　　　　　　　　　　　　　　____字____号

摘要	会计科目	明细科目	借方余额									贷方余额									√
			百	十	万	千	百	十	元	角	分	百	十	万	千	百	十	元	角	分	
合计		（附件　张）																				

会计主管　　　　　　　记账　　　　　　　稽核　　　　　　　填制

记　账　凭　证

年　月　日　　　　　　　　　　　　　　　　　　　____字____号

摘要	会计科目	明细科目	借方余额									贷方余额									√
			百	十	万	千	百	十	元	角	分	百	十	万	千	百	十	元	角	分	
合计		（附件　张）																				

会计主管　　　　　　　记账　　　　　　　稽核　　　　　　　填制

附录　空白记账凭证

记　账　凭　证
年　月　日　　　　　　　　　　　　　　　　　　　　　＿＿字＿＿号

摘要	会计科目	明细科目	借方余额									贷方余额									√
			百	十	万	千	百	十	元	角	分	百	十	万	千	百	十	元	角	分	
合计		（附件　　张）																			

会计主管　　　　　　　　记账　　　　　　　　稽核　　　　　　　　填制

记　账　凭　证
年　月　日　　　　　　　　　　　　　　　　　　　　　＿＿字＿＿号

摘要	会计科目	明细科目	借方余额									贷方余额									√
			百	十	万	千	百	十	元	角	分	百	十	万	千	百	十	元	角	分	
合计		（附件　　张）																			

会计主管　　　　　　　　记账　　　　　　　　稽核　　　　　　　　填制

附录　空白记账凭证

记　账　凭　证

年　月　日　　　　　　　　　　　　　　　＿＿＿字＿＿＿号

摘要	会计科目	明细科目	借方余额									贷方余额									√
			百	十	万	千	百	十	元	角	分	百	十	万	千	百	十	元	角	分	
合计		（附件　张）																			

会计主管　　　　　　　　记账　　　　　　　　稽核　　　　　　　　填制

记　账　凭　证

年　月　日　　　　　　　　　　　　　　　＿＿＿字＿＿＿号

摘要	会计科目	明细科目	借方余额									贷方余额									√
			百	十	万	千	百	十	元	角	分	百	十	万	千	百	十	元	角	分	
合计		（附件　张）																			

会计主管　　　　　　　　记账　　　　　　　　稽核　　　　　　　　填制

记 账 凭 证

年 月 日　　　　　　　　　　　　　　　　　　　　　　_____字_____号

摘要	会计科目	明细科目	借方余额									贷方余额									√
			百	十	万	千	百	十	元	角	分	百	十	万	千	百	十	元	角	分	
合计		（附件　　张）																			

会计主管　　　　　　　　记账　　　　　　　稽核　　　　　　　填制

记 账 凭 证

年 月 日　　　　　　　　　　　　　　　　　　　　　　_____字_____号

摘要	会计科目	明细科目	借方余额									贷方余额									√
			百	十	万	千	百	十	元	角	分	百	十	万	千	百	十	元	角	分	
合计		（附件　　张）																			

会计主管　　　　　　　　记账　　　　　　　稽核　　　　　　　填制

附录　空白记账凭证

记 账 凭 证
年　月　日　　　　　　　　　　　　　　　　　　　＿＿＿字＿＿＿号

摘要	会计科目	明细科目	借方余额									贷方余额									√
			百	十	万	千	百	十	元	角	分	百	十	万	千	百	十	元	角	分	
合计		（附件　　　张）																			

会计主管　　　　　　　记账　　　　　　　稽核　　　　　　　填制

记 账 凭 证
年　月　日　　　　　　　　　　　　　　　　　　　＿＿＿字＿＿＿号

摘要	会计科目	明细科目	借方余额									贷方余额									√
			百	十	万	千	百	十	元	角	分	百	十	万	千	百	十	元	角	分	
合计		（附件　　　张）																			

会计主管　　　　　　　记账　　　　　　　稽核　　　　　　　填制

附录 空白记账凭证

记 账 凭 证
年　月　日　　　　　　　　　　　　　　　　　　　　　　　　　＿＿＿字＿＿＿号

摘要	会计科目	明细科目	借方余额										贷方余额										√
			百	十	万	千	百	十	元	角	分	百	十	万	千	百	十	元	角	分	
合计		（附件　　张）																			

会计主管　　　　　　　　记账　　　　　　　稽核　　　　　　　填制

记 账 凭 证
年　月　日　　　　　　　　　　　　　　　　　　　　　　　　　＿＿＿字＿＿＿号

摘要	会计科目	明细科目	借方余额										贷方余额										√
			百	十	万	千	百	十	元	角	分	百	十	万	千	百	十	元	角	分	
合计		（附件　　张）																			

会计主管　　　　　　　　记账　　　　　　　稽核　　　　　　　填制

记 账 凭 证

年 月 日　　　　　　　　　　　　　　　　　　　＿＿字＿＿号

摘要	会计科目	明细科目	借方余额									贷方余额									√
			百	十	万	千	百	十	元	角	分	百	十	万	千	百	十	元	角	分	
合计		（附件　　张）																			

会计主管　　　　　　　　　记账　　　　　　　　稽核　　　　　　　　填制

记 账 凭 证

年 月 日　　　　　　　　　　　　　　　　　　　＿＿字＿＿号

摘要	会计科目	明细科目	借方余额									贷方余额									√
			百	十	万	千	百	十	元	角	分	百	十	万	千	百	十	元	角	分	
合计		（附件　　张）																			

会计主管　　　　　　　　　记账　　　　　　　　稽核　　　　　　　　填制

附录 空白记账凭证

记 账 凭 证
年　月　日　　　　　　　　　　　　　　　　＿＿＿字＿＿＿号

摘要	会计科目	明细科目	借方余额 百 十 万 千 百 十 元 角 分	贷方余额 百 十 万 千 百 十 元 角 分	√
合计		(附件　　张)			

会计主管　　　　　　　记账　　　　　　稽核　　　　　　填制

记 账 凭 证
年　月　日　　　　　　　　　　　　　　　　＿＿＿字＿＿＿号

摘要	会计科目	明细科目	借方余额 百 十 万 千 百 十 元 角 分	贷方余额 百 十 万 千 百 十 元 角 分	√
合计		(附件　　张)			

会计主管　　　　　　　记账　　　　　　稽核　　　　　　填制

记 账 凭 证

年　月　日　　　　　　　　　　　　　　　　　　　＿＿＿＿字＿＿＿＿号

摘要	会计科目	明细科目	借方余额									贷方余额									√
			百	十	万	千	百	十	元	角	分	百	十	万	千	百	十	元	角	分	
合计	（附件　　　张）																				

会计主管　　　　　　　　记账　　　　　　　　稽核　　　　　　　　填制

记 账 凭 证

年　月　日　　　　　　　　　　　　　　　　　　　＿＿＿＿字＿＿＿＿号

摘要	会计科目	明细科目	借方余额									贷方余额									√
			百	十	万	千	百	十	元	角	分	百	十	万	千	百	十	元	角	分	
合计	（附件　　　张）																				

会计主管　　　　　　　　记账　　　　　　　　稽核　　　　　　　　填制

记 账 凭 证

年 月 日　　　　　　　　　　＿＿＿字＿＿＿号

摘要	会计科目	明细科目	借方余额									贷方余额									√
			百	十	万	千	百	十	元	角	分	百	十	万	千	百	十	元	角	分	
合计		（附件　　张）																			

会计主管　　　　　　记账　　　　　　稽核　　　　　　填制

记 账 凭 证

年 月 日　　　　　　　　　　＿＿＿字＿＿＿号

摘要	会计科目	明细科目	借方余额									贷方余额									√
			百	十	万	千	百	十	元	角	分	百	十	万	千	百	十	元	角	分	
合计		（附件　　张）																			

会计主管　　　　　　记账　　　　　　稽核　　　　　　填制

附录　空白记账凭证

记　账　凭　证

年　月　日　　　　　　　　　　　　　　　　　　＿＿＿字＿＿＿号

摘要	会计科目	明细科目	借方余额									贷方余额									√
			百	十	万	千	百	十	元	角	分	百	十	万	千	百	十	元	角	分	
合计		（附件　张）																			

会计主管　　　　　　　记账　　　　　　　稽核　　　　　　　填制

记　账　凭　证

年　月　日　　　　　　　　　　　　　　　　　　＿＿＿字＿＿＿号

摘要	会计科目	明细科目	借方余额									贷方余额									√
			百	十	万	千	百	十	元	角	分	百	十	万	千	百	十	元	角	分	
合计		（附件　张）																			

会计主管　　　　　　　记账　　　　　　　稽核　　　　　　　填制

附录 空白记账凭证

记 账 凭 证

年　月　日　　　　　　　　　　　　　　　　　　_____字_____号

摘要	会计科目	明细科目	借方余额									贷方余额									√
			百	十	万	千	百	十	元	角	分	百	十	万	千	百	十	元	角	分	
合计		（附件　　张）																			

会计主管　　　　　　　记账　　　　　　　稽核　　　　　　　填制

记 账 凭 证

年　月　日　　　　　　　　　　　　　　　　　　_____字_____号

摘要	会计科目	明细科目	借方余额									贷方余额									√
			百	十	万	千	百	十	元	角	分	百	十	万	千	百	十	元	角	分	
合计		（附件　　张）																			

会计主管　　　　　　　记账　　　　　　　稽核　　　　　　　填制

附录 空白记账凭证

记 账 凭 证
年 月 日　　　　　　　　　　　　　　　　　　　　　　　＿＿＿字＿＿＿号

摘要	会计科目	明细科目	借方余额									贷方余额									√
			百	十	万	千	百	十	元	角	分	百	十	万	千	百	十	元	角	分	
合计		（附件　　张）																			

会计主管　　　　　　　　记账　　　　　　　　稽核　　　　　　　　填制

记 账 凭 证
年 月 日　　　　　　　　　　　　　　　　　　　　　　　＿＿＿字＿＿＿号

摘要	会计科目	明细科目	借方余额									贷方余额									√
			百	十	万	千	百	十	元	角	分	百	十	万	千	百	十	元	角	分	
合计		（附件　　张）																			

会计主管　　　　　　　　记账　　　　　　　　稽核　　　　　　　　填制

附录 空白记账凭证

记 账 凭 证
年 月 日　　　　　　　　　　　　　　　　　　　　＿＿＿字＿＿＿号

摘要	会计科目	明细科目	借方余额									贷方余额									√
			百	十	万	千	百	十	元	角	分	百	十	万	千	百	十	元	角	分	
合计		（附件　　　张）																			

会计主管　　　　　　　　记账　　　　　　　　稽核　　　　　　　　填制

记 账 凭 证
年 月 日　　　　　　　　　　　　　　　　　　　　＿＿＿字＿＿＿号

摘要	会计科目	明细科目	借方余额									贷方余额									√
			百	十	万	千	百	十	元	角	分	百	十	万	千	百	十	元	角	分	
合计		（附件　　　张）																			

会计主管　　　　　　　　记账　　　　　　　　稽核　　　　　　　　填制

附录　空白记账凭证

记 账 凭 证

年　月　日　　　　　　　　　　　　　　　　　　　　　　＿＿＿＿字＿＿＿＿号

摘要	会计科目	明细科目	借方余额									贷方余额									√
			百	十	万	千	百	十	元	角	分	百	十	万	千	百	十	元	角	分
合计		（附件　　张）																		

会计主管　　　　　　　　记账　　　　　　　　稽核　　　　　　　　填制

记 账 凭 证

年　月　日　　　　　　　　　　　　　　　　　　　　　　＿＿＿＿字＿＿＿＿号

摘要	会计科目	明细科目	借方余额									贷方余额									√
			百	十	万	千	百	十	元	角	分	百	十	万	千	百	十	元	角	分
合计		（附件　　张）																		

会计主管　　　　　　　　记账　　　　　　　　稽核　　　　　　　　填制

附录　空白记账凭证

记 账 凭 证

年　月　日　　　　　　　　　　　　　　　　　　　　　　_____字_____号

摘要	会计科目	明细科目	借方余额									贷方余额									√
			百	十	万	千	百	十	元	角	分	百	十	万	千	百	十	元	角	分	
合计	（附件　　张）																				

会计主管　　　　　　　记账　　　　　　　稽核　　　　　　　填制

记 账 凭 证

年　月　日　　　　　　　　　　　　　　　　　　　　　　_____字_____号

摘要	会计科目	明细科目	借方余额									贷方余额									√
			百	十	万	千	百	十	元	角	分	百	十	万	千	百	十	元	角	分	
合计	（附件　　张）																				

会计主管　　　　　　　记账　　　　　　　稽核　　　　　　　填制

记 账 凭 证

年 月 日 　　　　　　　　　　　　　　　　____字____号

摘要	会计科目	明细科目	借方余额										贷方余额									√
			百	十	万	千	百	十	元	角	分	百	十	万	千	百	十	元	角	分	
合计		(附件　　张)																				

会计主管　　　　　　　记账　　　　　　　稽核　　　　　　　填制

记 账 凭 证

年 月 日 　　　　　　　　　　　　　　　　____字____号

摘要	会计科目	明细科目	借方余额										贷方余额									√
			百	十	万	千	百	十	元	角	分	百	十	万	千	百	十	元	角	分	
合计		(附件　　张)																				

会计主管　　　　　　　记账　　　　　　　稽核　　　　　　　填制

附录　空白记账凭证

记 账 凭 证
年　月　日　　　　　　　　　　　　　　　　　　　　　　_____字_____号

摘要	会计科目	明细科目	借方余额									贷方余额									√
			百	十	万	千	百	十	元	角	分	百	十	万	千	百	十	元	角	分	
合计	（附件　　张）																				

会计主管　　　　　　　　记账　　　　　　　稽核　　　　　　　填制

记 账 凭 证
年　月　日　　　　　　　　　　　　　　　　　　　　　　_____字_____号

摘要	会计科目	明细科目	借方余额									贷方余额									√
			百	十	万	千	百	十	元	角	分	百	十	万	千	百	十	元	角	分	
合计	（附件　　张）																				

会计主管　　　　　　　　记账　　　　　　　稽核　　　　　　　填制

参考文献

[1] 王荣光，王许寨. 基础会计实训 [M]. 北京：中国财政经济出版社，2016.

[2] 胡苗忠，王丽萍，吴节. 基础会计实训 [M]. 杭州：浙江工商大学出版社，2010.

[3] 范翠玲，李岚. 财务会计综合模拟实训教材 [M]. 北京：机械工业出版社，2012.

[4] 吴宝宏，许延明，宋明. 基础会计实验教程 [M]. 4版. 北京：清华大学出版社，2014.

[5] 赵红英，孙金平. 会计基础与实务 [M]. 北京：经济科学出版社，2015.

[6] 孙凤琴，王仁祥. 基础会计实训 [M]. 北京：中国人民大学出版社，2015.

[7] 赵丽生. 基础会计习题与实训 [M]. 大连：东北财经大学出版社，2017.

[8] 薛丽萍，李锐. 基础会计项目化实训 [M]. 北京：中国人民大学出版社，2017.

[9] 佘志先，陆晓岚. 基础会计实训教程 [M]. 2版. 大连：东北财经大学出版社，2019.

[10] 李红萍，姜丽艳. 基础会计实训教程 [M]. 北京：清华大学出版社，2019.

[11] 王淑萍. 基础会计实训教程 [M]. 2版. 哈尔滨：哈尔滨工程大学出版社，2021.

[12] 财政部会计资格评价中心. 初级会计实务 [M]. 北京：经济科学出版社，2021.

[13] 李桂荣，刘海云，赵翠. 中级财务会计 [M]. 北京：对外经济贸易大学出版社，2021.

[14] 中国注册会计师协会. 会计 [M]. 北京：中国财政经济出版社，2021.

[15] 中华人民共和国财政部. 企业会计准则应用指南 [M]. 上海：立信会计出版社，2019.

[16] 中华人民共和国财政部. 企业会计准则 [M]. 北京：经济科学出版社，2019.